本书得到以下课题资助：

◎ 2022 年浙江省哲学社会科学规划课题"创新生态系统视角下中国企业海外研发网络拓展机制研究"（22NDJC329YBM）

◎ 教育部哲学社科重大攻关项目（立项号：17JZD018）

◎ 国家自然科学基金重点项目"基于数据驱动的企业动态能力构成与发展研究"（立项号：72032008）

◎ 国家自然科学基金面上项目"弱制度情境下海外创新生态系统构建、制度战略与整合创新研究"（立项号：71772165）

RESEARCH ON THE NETWORK EXPANSION
AND COLLABORATIVE MECHANISM
OF OVERSEAS R&D OF CHINESE ENTERPRISES:
FROM THE PERSPECTIVE
OF INNOVATION ECOSYSTEM

中国企业海外研发网络拓展及协同机制研究

创新生态系统的视角

吴　哲◎著

ZHEJIANG UNIVERSITY PRESS
浙江大学出版社
·杭州·

图书在版编目（CIP）数据

中国企业海外研发网络拓展及协同机制研究：创新
生态系统的视角／吴哲著. — 杭州：浙江大学出版社，
2023.6

ISBN 978-7-308-23716-1

Ⅰ.①中… Ⅱ.①吴… Ⅲ.①企业管理－国际科技合
作－研究－中国 Ⅳ.①F279.23

中国国家版本馆 CIP 数据核字(2023)第 072109 号

中国企业海外研发网络拓展及协同机制研究:创新生态系统的视角

吴　哲　著

责任编辑	杨　茜
责任校对	许艺涛
封面设计	雷建军
出版发行	浙江大学出版社
	（杭州市天目山路 148 号　邮政编码 310007）
	（网址：http://www.zjupress.com）
排　版	浙江时代出版服务有限公司
印　刷	广东虎彩云印刷有限公司绍兴分公司
开　本	710mm×1000mm　1/16
印　张	13.75
字　数	185 千
版 印 次	2023 年 6 月第 1 版　2023 年 6 月第 1 次印刷
书　号	ISBN 978-7-308-23716-1
定　价	68.00 元

序

　　当今世界正处于大发展、大变革、大调整时期，即使近年来频频出现新冠病毒感染等不确定因素，导致全球产业链和价值链结构出现转向"区域化"和"半全球化"的趋势，同时，少数发达国家狭隘的守成心理作祟，出现"逆全球化"行为，但不可否认的是，全球化仍然是世界经济和科技发展的大趋势，各国之间的联系仍然不断加强，这种联系不仅包括了千丝万缕的共同利益，更是隐藏了一些潜在危险，可能需要付出代价。

　　从经济全球化总体趋势上看，发达国家与部分发展中国家之间的经济差距虽仍然存在，但两者之间的相互依存度越来越高，发达国家的绝对优势逐渐成为相对优势；而从科技全球化总体趋势上看，随着各国科学技术逐渐开放，发达国家与部分发展中国家间科技信息不对称的差距也开始逐步减小，这必然使科技创新结构也发生变化；与此同时，世界秩序中的规则结构也在发生重要变化，这时的中国不仅仅成为全球治理的参与者和建设者，更是从治理规则的接受者变成重要的治理规则的贡献者。在当前百年未见的全球性大变革浪潮下，参与国际协同创新的国家需要摆脱自我发展视角，形成一种基于人类命运共同体理念的全球科技治理视角。中国坚持新发展理念，推进高质量发展，提出加快构建以国内大循环为主体、国内国际双循环相互促进的新发展格局。

　　在此背景下，中国要加快实现自身创新进步与创新超越，实现"2050年成为世界科技强国"的目标，一方面要比以往进一步追求科学技术的独立自主和创新发展，另一方面也同样需要融入全球科技技术链，通过加强全球科技协同发展,实现科技创新在全球的共享最大化,减少科技研究的重复和浪费,提高科技发展更新速度。

本书试图从全球创新生态系统的角度,探讨中国企业在进行海外研发时,如何从国际化战略、国际化路径、国际化能力角度进行应对,如何通过协同机制的建立提高国际风险管控能力,从而实现企业研发国际化拓展,并着重关注以下问题:

(1)企业海外研发进程中创新生态系统如何进行网络拓展。

(2)创新生态系统在网络拓展过程中如何实现协同发展。

(3)不同的国际化动机如何影响创新生态系统网络拓展过程。

(4)创新生态系统网络拓展过程如何影响企业创新绩效。

由于研究主题的复杂性和动态性,本书目前所得到的研究成果还存在不足。期待本书能够起到抛砖引玉的作用,在获取批评指正的同时,借助全社会的智慧来推进中国海外研发协同发展问题的研究,为中国实现"2050 年成为世界科技强国"贡献力量。

前　言

随着全球经济和科技一体化程度的不断加深和价值链的快速分解，科技全球化成为推动经济社会发展的主要力量。中国企业在"走出去""一带一路"和加快构建以国内大循环为主体、国内国际双循环相互促进的新发展格局背景下加快了国际化步伐,海外研发日益活跃。通过在全球范围获取创新资源,后发的中国企业逐步实现"弯道超车",并逐步从研发全球化的"外围地带"成为重要的参与者和活动者。同时,中国企业在研发国际化活动中也面临更为严峻的挑战,合作双方间的组织文化差异、知识存量差异、与东道国的制度文化差异等,特别是作为东道国的发展中国家的市场和制度具有不稳定性,使中国企业面临合法性问题。本书设计了四个子研究项目进行探讨,具体如下:

子研究一主要从创新生态系统理论、组织双元论出发,描述了企业国际化进程中创新生态系统网络拓展过程。该过程刻画了在开发利用和探索学习双元动机下,创新生态系统发生了知识边界、组织边界、地理边界和制度边界四个维度的拓展,每个维度的拓展中又将出现多样性网络拓展协同路径和异质性网络拓展协同路径,分别反映了企业海外研发过程中的"相似—相异"和"集中—分散"问题。其中,多样性协同路径根据网络拓展维度分为知识多样性、组织多样性和地理多样性,异质性协同路径根据网络拓展维度分为知识距离、组织距离、地理距离和制度距离。创新生态系统网络拓展的协同路径又将影响企业最终的创新绩效。子研究一中构建的创新生态系统网络拓展过程涵盖了"动机—路径—绩效"三个国际化阶段,刻画了"组织—知识—地理—制度"四个创新生态系统的拓展维度,展示了国际化多样性和伙伴异质性两条协同路径,全面展示了企业海外研发进程中创新生态系统网络拓展的过程。

子研究二在子研究一的基础上,聚焦"双元动机—协同路径",讨论了双元动机下创新生态系统四维网络拓展的协同路径,通过对晶科能源控股有限公司、浙江吉利控股集团、阿里巴巴集团和卧龙控股集团有限公司四家企业的跨案例分析,梳理了不同国际化动机下的创新生态系统网络拓展空间协同路径,包括了开发利用动机下创新生态系统多样性网络拓展的空间协同路径、开发利用动机下创新生态系统异质性网络拓展的空间协同路径、探索学习动机下创新生态系统多样性网络拓展的空间协同路径和探索学习动机下创新生态系统异质性网络拓展的空间协同路径。不同的动机与协同路径下创新生态系统的四维网络拓展都展示出了不同的空间协同倾向。

子研究三从创新生态系统国际化进程中的动态竞合能力出发,首先讨论了创新生态系统的协同关系应该是一个竞争与合作关系交替出现,且合作倾向大于竞争倾向的状态。创新生态系统的协同目的就是在从"非协同"状态向"协同"状态的转变过程中,获得开放程度和共享程度更高的创新生态系统协同。其次,本章在分析了创新生态系统协同主体的基础上,在"目标—行为—绩效"的协同逻辑下,将创新生态系统的协同机制分为战略协同机制、行为协同机制和利益协同机制,该协同机制具有多样性、互补性、递进性和动态性的特征。

子研究四主要基于动态能力理论、创新生态系统理论,遵循子研究一中的"路径—绩效"逻辑,以中国企业为研究对象,讨论了企业海外研发创新绩效的影响机制,研究内容包括影响因素、影响路径和影响效应。研究表明:(1)创新生态系统组织异质性网络拓展、知识异质性网络拓展、知识多样性网络拓展和地理多样性网络拓展的协同过程直接影响企业的创新绩效。(2)创新生态系统网络拓展协同过程通过学习能力和吸收能力两条路径影响企业的创新绩效,其中学习能力的中介效应要强于吸收能力。
(3)制度距离通过调节学习能力及吸收能力对创新绩效的关系,调节了创新生态系统网络拓展过程与企业创新绩效的关系,和学习能力、吸收能力一起发挥了有调节的中介效应,其中制度距离对学习能力的调节作用更为明显。(4)特别研究了中国民营企业创新绩效的影响机制,对中国民营企业而言,创新生态系统知识异质性网络拓展、知识多样性网络拓展和地理多样性网络拓展的协同过程,直接影响企业的创新绩效,且学习能力的中介效应强于吸收能力,制度距离的调节作用也显著增强。

　　通过上述理论分析和实证研究,本书主要在以下三个方面做出了理论贡献:第一,用创新生态系统视角构建企业海外研发四维协同过程,为企业国际化理论提供了新的解释维度。第二,用组织二元论剖析企业海外研发协同中的核心问题,关注创新生态系统理论与经典组织和管理理论的结合。第三,在中国情境下研究全球创新生态系统的构建问题,拓展了经典国际化理论的应用场景。此外,本书有助于不同研发动机下的企业选择更为适宜的海外研发协同路径,进行有效的异质性与多样性网络拓展,并厘清在企业海外研发协同过程中创新绩效的影响因素,有助于企业分辨海外研发制度风险,通过培育内生学习能力和吸收能力,促进创新绩效的提升。此外也能对政府创建良好的创新生态外部环境提供政策上的指导。

　　本书共分七章,分别是绪论、理论基础及文献综述、研发国际化中创新生态系统网络拓展机制、研发国际化中创新生态系统网络拓展过程的协同机制、双元动机下创新生态系统网络拓展的空间路径、创新生态系统网络拓展协同创新绩效的影响机制和研究结论与展望,具体安排如下:

　　第一章为绪论,在介绍研究背景的基础上提出研究问题,随后说明了本书的研究目标、研究内容,介绍了本书的技术路线,凝练本书的创新点,最后对本书的内容框架结构进行说明。

　　第二章为理论基础及综述。根据中国企业海外研发网络拓展及其协同机制的研究主题,对研发国际化理论、创新生态系统理论、协同理论、国际动态能力进行解析,然后对创新生态系统国际化进程中的核心概念进行文献综述,具体包括创新生态系统国际化的网络拓展、系统协同、组织双元及其影响因素四个方面。

第三章为研发国际化中创新生态系统网络拓展机制。首先介绍了构建的思路;其次讨论了构建的理论基础,包括创新能力的双元结构、国际多样性的双元结构和合作伙伴异质性的双元结构;最后构建了创新生态系统"知识—组织—地理—制度"网络拓展过程,并分别从异质性和多样性角度进行了剖析。

第四章为研发国际化中创新生态系统网络拓展过程的协同机制。结合竞合理论,分析了创新生态系统的协同主体、协同关系、协同目标、协同的影响因素,并在此基础上提出了包括战略协同机制、行动协同机制和利益协同机制在内的创新生态系统的协同机制。

第五章为双元动机下创新生态系统网络拓展的空间路径。在提出研究问题的基础上,进行相关理论分析,确认了跨案例研究方法,根据不同的维度选择了四家典型企业作为研究对象,分别进行跨案例研究。在此基础上,对不同动机下创新生态系统网络拓展的空间协同路径提出若干命题,总结了探索学习和开发利用动机下创新生态系统多样性网络拓展和异质性网络拓展的空间协同路径,并分析了四条路径的差异情况。

第六章为创新生态系统网络拓展协同创新绩效的影响机制。在提出研究问题的基础上,从理论上探讨了创新生态系统异质性网络拓展和多样性网络拓展与创新绩效的关系,并进一步探讨学习能力、吸收能力的中介效应,以及制度距离的调节效应,然后通过平衡面板数据建立回归模型,用多元层次模型进行了实证检验。

第七章为结论与展望。总结了本书的研究结论、理论贡献与实践启示,并指出研究的局限性和未来研究的方向。

目　录

第一章 绪 论

第一节 研究背景与意义

一、现实背景

"走出去""一带一路"和加快构建以国内大循环为主体、国内国际双循环相互促进的新发展格局背景下,中国企业海外研发活动日益活跃,国际研发能力不断提高。2020年我国已经将"加快构建以国内大循环为主体、国内国际双循环相互促进的新发展格局"纳入第十四个五年规划和2035年远景目标,推动我国开放型经济向更高层次发展的重大战略部署。在此背景下,中国企业正在积极利用"两种资源、两个市场",在实现自身发展的同时为全球经济发展提供动力支撑,并逐步从研发国际化的"外围地带"转变为主要参与者与治理者。根据《中国企业全球化报告(2020)》,中国企业全球投资稳步发展,对外投资存量占比提升,企业海外活动行业结构多元化,其中制造业、信息传输、计算机软件行业对外投资表现突出。2020年,中国对外直接投资1329.4亿美元,同比增长3.3%,其中科学研究和专业技术服务增长10.3%,投资增长较快;同时,地方对外投资活跃,全年对外非金融类直接投资807.5亿美元,同比增长16.4%,占同期对外直接投资总额的73.3%;在《2020年全球创新指数报告》构建的"创新质量"分析指数中,中国全球排名第 16 位,并确认中国已经确立了作为创新领先者的地位,中国企业的研发国际化能力不断提高,企业海外研发活动日益活跃。

然而,中国企业的国际研发之路并非一帆风顺,面临着极大的困难与挑战。中国企业海外研发失败的概率逐年攀升,2016 年海外并购失败涉及金额 365 亿美元,是上一年的 18 倍,2019 年涉及金额则高达 931 亿美元;同时,在过去的 20 年中,全球发起的贸易救济案,中国作为被诉方的比例高达 27%,其中全球有将近 1/4 的反倾销诉讼案是针对中国企业发起的,而 2020 年的立案数同比增长 30.39%,是 2000 年以来的最高值。中美贸易摩擦多有发生,美国多次出台禁令,对中国芯片制造、通信和信息安全等领域进行制裁。此外,中国企业在国际化中还遭受技术合作、隐私管理、环境保护等方面的歧视性对待。中国企业海外研发还面临融资难且融资贵、公共服务不足、国际化程度不高、应对东道国的危机管理能力不足、跨文化整合能力不足及企业海外凝聚力不强等难题;2020 年以来新冠疫情更是加剧了全球风控等级,国际营商环境发生了多维度变化,面对东道国政府禁令、国际市场巨变、国际物流不畅等问题,中国企业遭受了巨大的业务冲击,国际研发举步维艰。

在上述现实背景下,我国要实现"2050 年成为世界科技强国"的目标,除了国内环境下的能源资源与生态环境问题,还有自主创新能力不足、核心技术受限、产业结构需要调整、核心竞争力需要提升,还将面临国际化和全球化背景下更加巨大而复杂的困难与挑战(陈劲,2012)。因此,需要对中国企业海外研发的协同机制开展广泛且深入的研究,助力中国企业提高自主创新能力,破局融入全球技术价值链。面对上述困难与挑战,中国企业如何从国际化战略、国际化路径、国际化能力角度进行应对,如何通过协同机制的建立提高国际风险管控能力,从而实现企业研发国际化拓展,是本书的研究目的与意义。

二、理论背景

全球经济和科技一体化程度不断加深,价值链快速分解,科技全球化成为推动经济社会发展的主要力量。 随着新一轮科技革命和产业变革的不断深化,人才、技术、资金、信息等创新资源在全球范围内快速流动和重组,世界进入以创新资源全球流动为特征的开放式创新时代,国际竞争越来越表现为科技实力和创新能力的竞争(王智新、辛文锦,2020)。全球经济与科技竞争逐步加剧,更多的企业为寻求先进技术资源和知识,纷纷进入国际市场,并在此过程中提升其创新能力,以建立国际竞争优势(李梅、余天骄,2020)。其中研发资源是科技竞争的核心,是全球各国和地区增强创新力的主要渠道,是企业重要的国际化方式之一。全球跨国公司海外研发呈现国际化趋势,以兼并、投资、建立研发机构等方式开展海外研发活动。后发国家在全球范围内获取战略创新资源,获取全球最新技术创新资源,激发企业自主创新的原动力,实现"弯道超车",从而逐步缩小与先行者的差距,最终实现"后发优势"的追赶(樊纲,2020)。

创新生态系统成为全球新型创新模式,创新生态系统协同成为新课题。 随着全球创新网络的扩展与拓展,企业从产业链竞争逐渐向创新生态系统的竞争演变升级。伴随系统成员的共生演化,创新生态系统逐步演变为由一个参与者到为多个核心产品提供互补性资产增值,并遵照同一标准的多组织社群,企业国际研发的成功与否,更加依赖全球范围内的创新生态系统间的互补/合作及替代/竞争关系(Granstrand & Marcus,2020),尤其是中小企业,通过与外部合作伙伴的合作来缓解其内部创新的紧张。因此,在全球价值链情景下,企业创新生态系统成为重要研究课题(王海军等,2021),企业应跳出单向的紧张或合作思维,通过协同创新,构建或进入创新生态系统,获得技术资源与机会(何郁冰、伍静,2020)。在此背景下,如何进行创新生态系统国际化中相关利益者之间的协作,企业如何通过与其他系统成员的协同来感知、组织和管理开放创新,创造单一企业无法创造的价值,成为开放式创新的新课题(Agnieszka & Marcel,2019),创新生态系统也成为中国企业破解战略惯性的研究范式(王海军等,2021)。

开放式创新理论已经从研发网络逐步演进至创新生态系统。但是目前,一方面,对于创新生态系统的研究更偏重理论演化(陈衍泰、夏敏,2018)。本书用该理论研究企业国际化中的具体问题,建立创新生态系统国际化协同过程的理论框架,以完善和补充理论体系,同时拓展创新生态系统理论在企业国际化中的应用。另一方面,目前的研究对后发企业如何通过创新生态系统成员间的互补与合作实现系统网络拓展的过程,如何在海外拓展中克服来源国劣势的策略路径及动态过程等问题仍缺乏充分的认识。本书试图通过对后发企业国际化过程机制、协同机制、协同路径和协同效应的研究回答上述问题,这也是本书的研究目的与意义之一。

第二节　研究问题的提出

本书聚焦中国企业海外研发活动,探讨其过程中的协同机制,提出以下几个研究问题。

研究问题一:企业海外研发进程中创新生态系统是如何进行网络拓展的?

随着经济全球化和科技全球化的不断深化,科技资源在全球范围的流动与重组,企业逐渐改变在母国从事研发活动的方式,加快了其研发国际化进程。创新的研究范式也从传统的封闭式向开放式转变,逐渐将开放式创新范式与创新生态系统融合(Traitler,2011;马宗国、尹圆圆,2017)。那么,企业海外研发过程中的核心问题是什么?核心问题如何影响创新生态系统的网络拓展?创新生态系统向哪些维度进行网络拓展?本书基于组织双元论、创新生态系统理论、企业国际化理论探讨上述问题,并构建创新生态系统的网络拓展过程。

研究问题二:创新生态系统在网络拓展过程中是如何实现协同的?

企业海外研发过程中的创新生态系统网络拓展有利于企业在更广的范围内获取互补性创新资源,同时创新生态系统网络拓展所带来的更新、更广的依赖关系,也可能导致一系列新的风险。创新生态系统的成功与否也取决于合作伙伴相互间的关系。那么,当创新生态系统处于什么状态时是健康、良好的? 在此过程中是否能够且通过哪些协同机制整合资源、加强交互,保障企业海外研发的有序进行? 本书基于上述问题,剖析创新生态系统的协同关系,构建创新生态系统的协同机制,形成本书的第二个研究问题。

研究问题三:不同的国际化动机会如何影响创新生态系统的网络拓展过程?

企业海外研发具有探索学习和开发利用的双元动机,企业在双元动机驱动下进行研发活动,且在国际化进程中实现创新生态系统知识维度、组织维度、地理维度和制度维度的网络拓展。那么,企业的双元动机是如何影响四个维度的创新生态系统的网络拓展呢? 不同的动机下创新生态系统又是如何进行国际多样性和伙伴异质性的协同呢? 这些构成了本书的第三个研究问题,即双元动机下创新生态系统网络拓展的空间协同路径研究。

研究问题四:创新生态系统的网络拓展过程如何影响企业创新绩效?

在协同主体更多、相互作用更复杂的全球化背景下,创新生态系统网络拓展的异质性拓展过程与多样性拓展过程分别是如何影响企业创新绩效的? 不同产权性质的企业的协同效应又有何异同? 本书基于动态能力理论、创新生态系统理论、企业国际化理论对此进行了讨论,这也是本书的第四个研究问题,即创新生态系统网络拓展协同绩效的影响机制研究。

第三节 研究设计

一、研究目标

本书以在多个国家或地区进行国际化活动的中国上市公司为研究对象,聚焦其在2011—2017年的海外研发活动,旨在以创新生态系统视角探索中国海外研发协同机制,为中国企业通过海外研发活动提升企业创新能力和创新绩效、破局融入全球技术价值链提供理论与实践依据。具体研究目标如下。

(1)拟通过剖析企业海外研发过程中的“集聚—分散”和“相似—相异”问题,构建国际化进程中的创新生态系统网络拓展过程机制,从理论上将创新生态系统理论运用于企业国际化问题,在实践上为企业厘清拓展海外研发活动的思路。

(2)拟从企业动态竞合能力出发,剖析创新生态系统的协同关系、协同主体、协同目标和协同影响因素,从理论上将竞合理论运用于创新生态系统的协同问题,并建立具有动态性、互补性和递进性的创新生态系统协同机制,在实践上为创新生态系统协同发展提供借鉴。

(3)拟通过不同维度的四个典型企业的案例与跨案例分析,分析探索学习与开发利用国际化动机下不同的创新生态系统网络拓展的空间协同路径,从理论上拓展了组织双元论和系统协同论,在实践上为出于不同动机的企业拓展海外研发活动提供了战略选择上的指引。

(4)拟通过实证分析创新生态系统网络拓展过程与创新绩效的关系、学习能力和吸收能力的中介效应,以及制度距离的调节效应,探索创新生态系统网络拓展协同过程对创新绩效的影响机制。

二、研究内容

研究内容一:针对"研发国际化中创新生态系统网络拓展机制"这一问题,首先,对"探索—利用"创新能力双元动机、国际多样性、合作伙伴异质性组织双元理论进行理论研究,构建"动机—路径—绩效"创新生态系统网络拓展过程机制;其次,确定组织边界、知识边界、地理边界和制度边界四个维度的创新生态系统网络拓展维度,并从国际多样性与合作伙伴异质性两个角度剖析创新生态系统在每一个维度上的拓展过程,分别探讨四维网络拓展过程中的多样性协同路径和异质性协同路径。前者探讨企业海外研发行为的核心问题,即"集中—分散"问题,具体包括"走到很多国家去还是集中在一个或少数几个国家""在很多领域进行研发还是集中在一个或少数领域""和很多合作者合作还是保持一个或少数几个合作关系",以及"集中或分散到底能不能提高创新能力,能不能带来创新绩效"的问题;后者探讨企业海外研发过程中创新生态系统主体跨越边界前后各维度的差距问题,即到底是选择与自组织相似的合作者,还是选择与自组织相异的合作者。

研究内容二:针对"研发国际化中创新生态系统网络拓展协同机制"这一问题,首先从企业动态竞合能力角度剖析了创新生态系统的协同关系;其次讨论了创新生态系统的协同目标;再次从组织类型和层级上分析了创新生态系统的协同主体及其影响因素;最后在"目标—行动—绩效"的协同逻辑下,构建了包括战略协同机制、行动协同机制和利益协同机制在内的创新生态系统协同机制。

研究内容三:针对"双元动机下创新生态系统网络拓展的空间路径"这一问题,学者们普遍认可的是,企业国际化动机可以分为探索学习和开发利用两类。首先,"探索—利用"双元动机下的创新生态系统多维度的协同路径,大体可以分为以下四类创新生态系统网络拓展协同路径:

（1）开发利用动机下创新生态系统网络拓展的多样性协同路径。

（2）开发利用动机下创新生态系统网络拓展的异质性协同路径。

（3）探索学习动机下创新生态系统网络拓展的多样性协同路径。

（4）探索学习动机下创新生态系统网络拓展的异质性协同路径。

其次，通过四个企业海外研发的跨国案例研究，对它们的研发动机、多样性协同和异质性协同进行编码，并比较四类不同创新生态系统网络拓展协同路径在知识边界、组织边界和地理边界维度上的异同，最后提出相关假设命题。

研究内容四：针对"创新生态系统网络拓展协同对创新绩效的影响机制"这一问题，通过动态能力理论、国际多样性理论、组织双元理论、新制度理论的理论分析，初步确立创新生态系统网络拓展协同过程对创新绩效影响机制的预设模型；明确主要变量，并通过"国泰安"等数据库，收集相关二手数据，建立平衡面板数据，通过 FGLS 检验，进行主效应、中介效应、有调节的中介效应、有中介的调节效应的计量，最终明确创新生态系统网络拓展协同过程对创新绩效的影响机制模型。

三、技术路线

本书立足于中国企业海外研发日渐频繁且面临复杂而艰巨的合法性问题的背景，整合企业国际化理论、系统协同论、组织双元理论、动态能力理论等理论，从创新生态系统视角出发，深入探讨中国企业海外研发协同过程、协同路径及影响机制这一系列问题。为此，本书设计了如图 1-1 所示的技术路线。

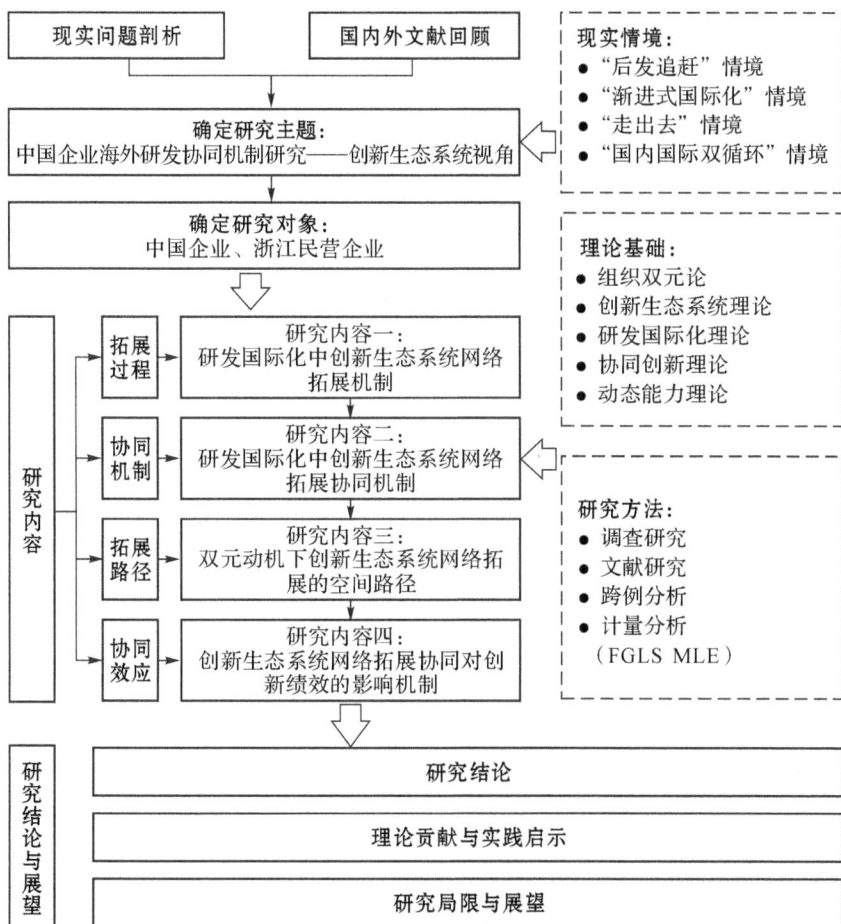

图 1-1　研究技术路线

四、研究方法

本书采用定性与定量相结合、规范与实证相结合的方法,对中国企业海外研发协同机制相关问题进行研究。

1. 文献研究方法

在研究初期,对企业国际化、创新生态系统国际化、组织双元、系统创新、动态能力等领域的理论文献进行收集整理与分析,以此作为本书的重要理论支撑。外文文献主要依托 Web of Science 数据库,涉及的核心文献主要来自战略管理领域高水平期刊《管理学会杂志》(*Academy of Management Journal*)、《战略管理期刊》(*Strategic Management Journal*),技术创新领域高水平期刊《研究政策》(*Research Policy*)、《技术创新》(*Technovation*)、《研发管理》(*R&D Management*)、《国际技术管理》(*International Journal of Technology Management*),国际商务领域高水平期刊《国际商务研究》(*Jounal of International Business Studies*)、《世界商务杂志》(*Journal of World Business*)、《国际商业评论》(*International Business Review*)等。中文文献主要依托中国知网和维普数据库,以及其他学术搜索平台,涉及的核心文献主要来自《管理世界》《科学学研究》《科研管理》《研究与发展管理》《科学学与科学技术管理》等技术创新领域高水平期刊。文献研究方法在四个研究问题中都有应用。

2.案例研究方法

案例研究是社会科学中普遍使用的一种经验研究方法。与实证研究不同,案例研究方法以其独特的设计逻辑、数据收集和分析方法自成体系,是构建新理论的方法之一。案例研究除了能回答"是什么"的问题,还能回答"为什么"的问题。案例研究方法帮助研究者置身现实情境中,此时,研究情境和管理现象之间的界限将变得模糊,由此研究者能够对案例对象进行全面、系统的描述和理解,对其动态发展脉络进行深入细致的刻画,获得较为全面和整体的观点。在研究内容三"双元动机下创新生态系统网络拓展的空间路径"中运用了跨案例研究方法,本质上也是为形成理论而开展的探索性研究,属于规范性案例研究。

3.定量实证研究

在研究内容四"创新生态系统网络拓展协同对创新绩效的影响机制"中利用二手数据进行了定量实证研究,在提出相关理论模型和理论假设的基础上,收集上市公司二手面板数据,构建计量模型,利用描述性统计分析、相关分析、多元层次回归、FGSL 检验、MLE 检验等进行实证检验分析,并获得相应结论。

第二章　理论基础及文献综述

第一节　研发国际化

跨国企业研发国际化活动始于 20 世纪 50 年代,活跃于 70 年代,但较为系统地探讨企业研发国际化理论,则发生在 20 世纪 90 年代。Cantwell(1999)认为研发国际化指知识、人力资源、资本和新技术等企业研发资源的跨境配置。研发国际化中的研发活动跨越了地区边界,企业通过在海外设立研发机构、开展跨国并购及建立技术合作联盟等方式,将研发活动拓展至海外。薛澜等(2015)提出研发国际化指与研发相关的要素、活动、管理及成果超越国界或地区范围,在全球范围内进行优化配置、全面开展、有效实施及广泛共享,其基本形式包括科技人员的全球流动、科学技术的全球流动及科技全球化下的全球性制度建设(Gerybadze & Reger,1999;薛澜、沈群红,2001;王春法,2008)。其中,以中国为代表的新兴经济体国家,随着其自主创新能力和技术研发能力的增强,逐步累积技术优势,正从处于边缘技术群落的后发国家向技术中心地带移动(陈衍泰、齐超,2021)。

一、研发国际化动机

在研发国际化理论的研究中,最聚焦、成果最为丰富的领域是研发国际化的动因。

垄断优势理论：早期的国际直接投资理论基本基于垄断优势理论展开，认为跨国公司垄断优势在于拥有技术和知识等核心资产，企业通过对核心资产的控制而拥有垄断优势，并借此进行海外投资活动。

产品生命周期理论：有学者从产品生命周期理论角度解释企业国际研发的动机，认为产品处于新品引进阶段时，企业在本国进行研发活动；当产品进入衰退期时，为了延长产品的生命周期，会将产品和技术转移至发展中国家。

内部化理论：该理论认为市场存在不确定性，企业通过海外研发活动建立内部市场，充分利用母公司的技术资源，最大限度地调节内部资源，降低成本。

以上国际化动因的理论基础不尽相同，都是企业在母国处于优势的情况下进行海外研发动机的解释，虽然能够较好地解释发达国家海外研发动机，但是对发展中国家的逆向海外投资和研发活动的快速发展解释力度有限。

国际生产折中理论：1977 年，Dunning 提出了经典的国际生产折中理论（OLD），认为跨国企业进行跨国投资的动因包括所有权优势、内部化优势和区位优势。随后，Dunning 提出了跨国公司国外直接投资（Foreign Direct Investment，FDI），包括资源寻求型、市场寻求型、效率寻求型和战略资产寻求型。这一理论除了解释发达国家跨国活动，在一定程度上也开始解释发展中国家的逆向投资活动。后来的学者也在Dunning 的研究基础上，对海外研发动机进行了研究，比如 Ambos（2005）、Chung（2001）从资源寻求动机和市场寻求动机进行国际研发驱动力分类；Bas 和 Sierra（2002）指出跨国企业海外直接投资有四种战略类型，即技术寻求型 FDI、市场寻求型 FDI、开发型 FDI 和扩张型 FDI。

需求—供给理论：这一理论也能够同时解释发达国家和发展中国家

的国际化活动。需求动机指的是企业海外研发的主要目的是支持东道国的生产和销售,而供给动机指的是企业海外研发的影响因素是获得东道国的研发资源、知识技术、政策支持等。

技术开发型和技术增长型理论: Kuemmerle(1999)的企业海外研发动机分类法是目前被广泛认可的、适用性较强的分析框架。该理论将跨国公司海外研发直接投资动机分为以母国为基础的技术开发动机(HBA)和以东道国为基础的技术增长动机(HBE)。前者认为在开拓国际市场时,应该充分利用母国创造的技术和知识,在海外获取知识和技术相对于将研发集中在母国而言,更有利于提升母公司竞争优势。后者则更看重东道国的市场规模和市场成长潜力,通常选择科技水平较高、研发资源丰富的发达国家和地区。

在技术开发型和技术增长型理论基础上,企业海外研发动机可以进一步拓展为企业或者以母国战略优势为基础进行国际研发,或者以东道国战略优势为基础进行国际研发。第一类企业海外研发的动因是企业利用自身现有的知识和技术,扩大市场机会,并开发适合东道国市场的产品。此时东道国市场规模和潜力成为企业研发国际化区位选择的条件。第二类动因是获得东道国资源,包括先进技术、东道国人才、互补资产、东道国政策支持等当地资源。后发企业研发国际化更可能出于此类动机。前者被称为"寻求东道国优势的探索学习型动机",后者被称为"利用母国优势的开发利用型动机"。这一动机分类法很好地区分了发达国家和发展中国家不同的海外研发动机。

二、研发国际化的模式

发达国家早在20世纪60年代就认识到海外研发机构的强大作用,开始研究不同的跨国研发模式。在发达国家研发国际化模式初期,学者们多倾向于**基于海外研发机构职能进行模式分析**。

海外研发机构分为支持实验室和国际独立实验室,前者通过转移母公司的技术和知识到当地市场,针对当地市场需求开发新产品;后者主要负责基础性研究,提升跨国公司技术存量。

根据不同的职能,海外研发机构可分成四类:技术转移单位(公司进行技术转移,让海外子公司适应本地化)、本地技术单位(根据海外市场的需求,支持子公司独立研发新产品)、全球技术单位(面向公司的全球市场的新产品开发,通常承担基础研究工作)和公司技术单位(为母公司探索新的技术领域)。其中,技术转移单位的研发承诺较低,学习环境也较差;本地技术单位研发承诺高,学习环境依旧不佳;全球技术单位研发承诺和学习环境俱佳;公司技术单位学习环境优越,但是研发承诺较低。

海外研发模式分为支持实验室(将母国的知识和技能转移到东道国,为海外销售和生产提供技术支持)、本地一体化实验室(根据东道国的市场需求开发和设计新产品)和国际一体化实验室(以跨国公司全球研发战略为导向,联合全球研发机构开展研发活动)。

此外,还有类似的按照职能划分模式的方式,比如适应型研发、本地市场导向型研发和全球型研发,技术监测单位、生产支持单位、市场导向单位、政策动机单位和多元动机单位,全球整合型和本土回应型,等等。

研发机构的职能会随着组织国际化的发展阶段不同而有所不同。在国际化初期,跨国公司大部分经营活动集中在母国;此后,跨国公司研发职能开始分散到海外,但由于经营重点仍在母国,因此仍然以服务母国市场为主;在国际化发展较为成熟的时期,跨国公司海外市场已经具备相当大的规模,此时跨国公司在全球建立研发机构,服务全球市场。

在职能分析的基础上,学者们开始**基于研发机构东道国嵌入及其与母公司关系进行模式分析**,包括母公司与研发机构间的管理、信息交流、沟通等问题。

Chiesa(1996)将跨国公司海外研发组织模式分为三类:全球中心、全球专业化和全球整合。全球中心模式的跨国公司将研发资源集中在母国,属于高度集中型组织模式。全球专业化模式将专业化研发任务分配给海外研发机构,特定产品的研发活动集中于特定的研发机构,属于分散型组织模式;全球整合模式中海外研发机构拥有独立的研究和开发新产品的权力,母公司作为总部进行总体协调,也属于分散型组织模式。Brockoff(1998)提出中心外围型、多区域能力中心型和全球网络组织型三种跨国公司海外研发组织模式。从组织模式的集中分散程度来看,中心外围型属于集中型组织模式,后两种模式均属于分散型组织模式。Boutellier 和 Gassman(1990)将国际研发模式分为母国集中型、全球集权型、多国分权型、网络中心型和一体化网络型。从母国集中型到一体化网络型,组织模式呈现逐渐分散的趋势。在母子公司关系从集中到分散的过程中,不再使用单一信息流动渠道,而是利用平行结构、非正式网络、高效能团队来促进跨国公司海外研发机构间的沟通。

基于国际研发条件进行的国际研发模式研究:较大的母国市场会刺激研发,进行产品和生产过程的调整;母国和东道国之间的地理距离将会诱导跨国企业为了满足东道国消费者需求,更多地开展产品适应型研发。研发国际化过程中的行为差异影响着国际化的模式选择,而行为差异受到组织内部知识的本质、知识累积和知识产权保护措施使用程度的影响。知识的跨国传导同样受到组织所要转移的知识特性的影响,包括知识特点、知识的传播能力、知识的吸收能力和知识发送者与接收者的关系。

国内学者也在国际研发模式方面进行了研究。**新兴经济体国家海外研发**的模式从最初的新建公司逐渐转变为对发达国家企业进行基于品牌和技术的横向并购,以获得企业资源储备,构建新兴经济体国家国际竞争力,这是后发国家研发国际化的重要方式(杜群阳,2006),技术发展形成"顺轨创新—换轨创新—突破性创新"演变规律(王晟锴、李春发,2019)。除了并购,联盟合作、社会网络联系通过学习培育其本身不具备的竞争优势,也成为新兴经济体企业海外研发的有效方式,这些转变的原因包括新兴经济体国家市场失灵、发达国家创新网络的完备性和高端性等。杜德斌(2001)认为跨国企业海外研发采取三种方式进行扩张:一是直接在海外建立全新的研发机构;二是兼并收购其他国家现有的研发机构;三是通过战略联盟组成新的研发机构。陈劲(2003)将中国企业海外研发组织模式分为三个阶段:本土集中的中心边缘形式、复合的星形结构和全球互联的一体化创新网络,分别处于研发国际化初级阶段、研发国际化的发展阶段和研发国际化的成熟阶段。从组织结构来说,三个组织模式越来越分散化,其中中国企业海外研发组织模式以中心边缘形式居多,部分研发实力较强的跨国公司也开始倾向于复合星形结构,虽然全球互联的一体化创新网络结构被采用得较少,但它和复合的星形结构一起,将成为中国企业海外研发组织模式的主流。

动态性和情境性也是新兴经济体海外研发模式的研究重点。 海外研发模式与企业规模、行业特征、技术水平、研究环境、技术依赖、发展阶段及国际化经验等有密切关系(胡曙虹,2018),新建模式适合创新能力强、国际化经验丰富的新兴经济体国家企业,规模经济突出且所有权优势明显的新兴经济体国家企业更倾向于并购合资模式。同时,在新兴经济体国家的企业海外研发同样受到了行业的影响,比如,在印度和中国,软件行业企业一般选择用绿地投资的模式进入竞争强度较弱和易于进入的市场(Niosi & Tschang,2009);国务院发展研究中心认为传统企业倾向于并购模式进行海外研发,而技术型企业选择在海外建立研发机构。陈衍泰、罗来军(2011)认为中国企业不同的海外进入模式、母公司和海外子公司的研发能力差异对海外研发强度有着不同的影响。

三、研发国际化影响因素

有关企业国际化进程影响因素的研究很多,学者们从不同的维度进行理论和实证研究,比如组织双元能力和双元能力结构维度的影响因素等。知识基础观、资源基础观、制度基础观是应用最广的研发国际化的影响因素。在知识基础观视角下,企业是一个能够让个体更好地分享、交换和吸收知识的知识处理系统(Kogut & Zander,1993)。对于发达国家,其知识转移路径是从母公司到海外子公司,总部是其研发中心,而对发展中国家而言,海外研发的知识转移路径则是从子公司到母公司,通过逆向知识转移实现创新(Peng,2017)。资源基础观认为,企业的竞争优势来自企业间难以流动和复制的各种有形和无形资源,以及资源的整合能力,这是提高创新绩效的路径。一方面,跨国企业的资源存在差异,海外研发面临的外来者优势和后发劣势也不尽相同,因此其绩效也会不同;另一方面,即使是相同的全球性资源,由于资源者整合能力不同,最终获取的资源也不同,导致绩效结果不同。制度基础观用来研究企业研发国际化过程中的合法性问题。国际化过程中,由于外来者身份往往不被东道国认可,同时母国与东道国制度环境的差异,更是加重了其外来者劣势,需要付出更高的成本来获得合法性,包括交易成本、协调成本,管理成本,进而对创新绩效产生消极影响。魏江等(2019,2020)在"来源国劣势"背景下,从后发企业在国际化时面临的"合法性压力—合法化成本"冲突角度,以动态视角探索后发企业合法化战略选择及其演化过程。

不管是知识基础观、资源基础观还是制度基础观,任何一个单一的视角都不足以系统地解释企业国际化的影响因素,特别是在新兴经济体研究情境下,都具有一定的理论局限性。因此,本书综合三类传统视角,将从国际多样性和伙伴异质性两大维度系统地进行国际化影响因素的梳理。

国际多样性:国际多样性的研究通常会从社会网络理论、资源基础观和交易成本理论角度关注以下关键词:国际化、地理多元化、国际扩张、全球化、多国性等。一方面,国际多样性为企业带来了新的市场、新的技术、新的合作者、新的产品;另一方面,由于国际多样性的存在,企业在拓展过程中会遭遇来自各维度多样性所带来的阻力,比如,文化和认知的多样性带来的合作阻力、学科领域多样性带来的知识传递与共创阻力、制度多样性带来的网络嵌入阻力等。对处于经济转型中的中国及广大新兴经济体国家来说,各地区之间显著的制度差异、知识资源分布的不均衡(Klionsky,2012),国家制度的较大差异(Meyer,2009)都进一步放大了多样性所带来的不均衡。

早期对于国际多样性维度的研究集中在国际多元化的规模或程度上,多用外国销售占总销售的比例(FSTS)、外国资产占总资产的比例(FATA)或外国雇员占总雇员的比例(FETE)来测量,但是这些研究往往不能体现国际多样性的异质性。此后,学者们进一步研究了海外扩张的范围,具体体现在企业业务在不同国家的地理分布。为了说明国家之间的相似性,Hitt 等(1997)提出了使用熵度量来计算不同地理区域多样化程度的范围。早期的这些研究仅从地理分布一个维度来研究国际多样化,并不能充分反映国际扩张的程度。因此,之后的研究同时使用规模和范围,比如,包括海外活动业绩、现有资源结构和高层管理者对国际化的态度的三维国际多样性指标(Sullivan,1994a);用外国资产占总资产的比例(FATA),外国子公司数量与总子公司数量的比例,高层管理者的国际经验,跨国籍、外国所有者的数量等来进一步测量国际多样性。这些研究从程度和范围来衡量国际多样性,研究维度增加了,但是仍然存在一个问题:忽略了国际多样性发生的机理,模糊了国际多样性与结果之间的区别。随后,学者们陆续开始从国际多样性发生的内在机理入手探索多样性的维度问题。魏江对研发网络拓展(知识边界、组织边界和地理边界)进行多样性研究。这时,"地理多样性、技术多样性、伙伴多样性、知识多元化"等词条成为研究的焦点和热点(Reagans & McEvily,2003;魏江、应瑛、刘洋,2014;张妍、魏江,2015,李梅,2019)。

伙伴异质性:伙伴异质性的概念最早由 Parkhe(1991)提出,他认为产学研联盟中的主体企业在某些方面的属性存在客观差异,并影响组织间知识的交互过程,从而影响合作绩效。伙伴异质性一方面是由企业加入联盟时的战略动机决定的,动机来自组织间的资源互补优势,因此异质性关注的是组织间的互补性资源,包括知识互补、能力互补、文化互补等

(lin,2009);另一方面,由于组织间存在属性特征差异,因此在合作交互中形成的关系存在异质性,这种关系距离影响组织间的交流合作。

对于伙伴异质性的**衡量维度**也有不同的认识。联盟异质性可以从合作伙伴的资源、知识、技术和能力四个维度间的差距来衡量。Goerzen 和 Beamish(2005)认为异质性维度包括了企业规模、资本化、地理位置和能力等方面的差异。此外,还有目标、理解能力、价值观和文化四维异质性(Siegel & Waldman,2003),以及语言、理解能力和文化三维异质性(Barnes,Pashby & Gibbons,2002)等。

根据 Cummings 等(2003)和姚威(2009)等对伙伴异质性的定义,可以发现有很多学者进一步对焦点企业与合作组织间距离的维度进行研究。维度划分不尽相同,包括:制度距离和文化距离维度,地理距离、组织结构差异和行业距离维度,空间距离、个体距离、组织边界距离、制度距离、直接和间接网络距离(Wilfre,2016),等等。

综上可以看出,现有的研发国际化理论研究已经比较成熟,从国际化前、国际化中和国际化后三个阶段展现了研发国际化的研究整体框架,这为本书从"动机—过程—绩效"三个阶段搭建企业研发国际化过程机制提供了理论基础。

第二节 创新生态系统

一、内涵与特征

创新生态系统是借鉴生态系统的基本理论来分析和解释创新体系。与创新系统相比,创新生态系统强调创新主体间的互动性及环境依赖性,是一个动态演化的开放性复杂适应系统。近年对创新生态系统研究的热点在于开放式创新、生态位、系统演化、价值共创、创新平台等。

学者们从不同的角度分析探索创新生态系统的内涵与特征,现有的研究从系统学、新制度经济学、战略管理、创新管理的理论视角切入,进行理论基础阐述。**系统学视角**认为创新生态系统是由参与主体基于共同的愿景和目标进行创新活动,并与环境相互作用所形成的合作与竞争系统(Holgersson,2017)。**新制度经济学**视角关注创新生态系统的演化及社会情境的嵌入,创新生态系统的建立、发展、主体与环境的作用机制建立在演化经济学所强调的动态特征之上,其对于惯例和路径依赖的强调揭示了制度及非制度因素对创新变迁的影响。**战略管理理论视角**强调企业竞争优势获取过程中产业组合结构异同、资源异质性、企业差异化等的动态变量及其相互作用对经营战略的影响,创新生态系统视角下的战略分析关注对外部效应的把握和跨组织功能互补(陈健、高太山,2016)。**创新管理理论视角**下的创新生态系统研究的重点在于组织在跨边界后实现的功能互补,比如创新网络(包括网络结构、网络动态性、网络治理、绩效等)、创新系统(企业与企业之间的交互作用、产学研协同合作的开放式创新等)等方面的研究。表 2-1 和表2-2分别罗列了国内外期刊被引率最高的文献。对创新生态系统研究的理论视角不同,但大多都关注创新生态系统的内涵与特征。

创新生态系统的核心是共生演化。Moore 是第一个系统论证企业生态系统的学者,他定义创新生态为一组围绕在焦点企业周围,通过互动提升焦点企业绩效的生产者和使用者。它模拟的是一种复杂关系的经济动力学,这种复杂关系表现为不同主体间的相互作用,并形成物质流、能量流、价值流、信息流等,丰富了创新生态系统的内涵。Iansiti 和 Levin(2004)提出生态位概念,认为多个生态位组成创新生态系统,这些生态位之间相互关联和影响;创新生态系统是一个对生态环境有互动和交流作用的系统,创新主体间可进行知识的传播,进而推动创新发展,企业生态位影响了技术系统创新绩效(何郁冰、伍静,2020),因此创新生态系统内部不仅仅是竞争或合作,而是一种共生进化的关系。

表2-1 外文期刊中"创新生态系统理论"高频被引文献

	作者	文献题目	期刊	被引次数	主要观点
1	Teece (2007)	Explicating dynamic capabilities: The nature and microfoundations of (sustainable) enterprise performance	Strategic Management Journal	3998	运用动态能力理论及其分析框架，从微观层面为企业如何适应商业/创新生态系统提供理论指导
2	Moore (1993)	Predators and prey: A new ecology of competition	Harvard Business Review	932	将生态学理论及其研究方法引入企业竞争研究领域，提出商业生态系统理论
3	Adner & Kapoor (2010)	Value creation in innovation ecosystems: How the structure of technological interdependence affects firm performance in new technology generations	Strategic Management Journal	830	外部创新挑战的影响取决于焦点企业规模和生态系统中的位置
4	Vargo & Lusch (2016)	Institutions and axioms: An extension and update of service-dominant logic	Journal of the Academy of Marketing Science	829	从营销服务视角提出服务生态系统及其创新
5	Iansiti & Levien (2004)	Strategy as ecology	Harvard Business Review	565	用生态学理论探讨商业生态系统中核心企业的作用
6	Adner (2006)	Match your innovation strategy to your innovation ecosystem	Harvard Business Review	518	从学术角度提出创新生态系统概念
7	Chesbrough (2007)	Open innovation and strategy	California Management Review	478	创新生态系统研究的内核是一种复杂式的开放式创新

续表

作者	文献题目	期刊	被引次数	主要观点
8	Gawer & Cusumano (2014)	Industry platforms and ecosystem innovation	Journal of Product Innovation Management	464	对不同类型的平台商业生态系统中的主导企业进行研究
9	Carayannis & Campbell (2009)	"Mode 3" and "Quadruple Helix": Toward a 21st century fractal innovation ecosystem	International Journal of Technology Management	427	创新生态系统的"四重螺旋"结构
10	Vargo, Stephen L (2015)	Innovation through institutionalization: A service ecosystems perspective	Industrial Marketing Management	241	从服务生态系统的角度探讨机构在创新中的作用

资料来源：笔者检索整理。检索截止时间均为 2021 年 4 月 6 日。

表 2-2　中文期刊中"创新生态系统理论"高频被引文献

	作者	文献题目	期刊	被引次数	主要观点
1	曾国屏、苟尤钊（2013）	从"创新系统"到"创新生态系统"	科学学研究	386	回顾创新研究从创新系统走向创新生态系统的历程，考察目前关于创新生态系统的概念、框架和模型
2	李万、常静（2014）	创新3.0与创新生态系统	科学学研究	360	系统梳理近年来创新3.0范式演变的理论基础与实践探索，认为其实质是以创新生态系统为核心特征的新一代创新范式
3	梅亮、陈劲（2014）	创新生态系统：源起、知识演进和理论框架	科学学研究	268	系统论述创新生态系统理论的源起、知识演进和理论框架
4	刘丹、闫长乐（2013）	协同创新网络结构与机理研究	管理世界	239	分析复杂网络环境下协同创新的系统构造与运行机理
5	黄鲁成（2003）	区域技术创新生态系统的特征	中国科技论坛	183	提出创新生态系统的概念，并阐述了其必要性
6	赵放、曾国屏（2014）	多重视角下的创新生态系统	科学学研究	142	将创新生态系统—到"中心—外围"结构分析框架之中；分析创新主体和环境范畴的变化，揭示出不同层次间内涵、结构和行为为的相互作用
7	吴绍波、顾新（2014）	战略性新兴产业创新生态系统协同创新的治理模式选择研究	研究与发展管理	134	战略性新兴产业创新生态系统的多主体共同治理模式

续表

	作者	文献题目	期刊	被引次数	主要观点
8	吕一博、蓝清 (2015)	开放式创新生态系统的成长基因——基于 iOS、Android 和 Symbian 的多案例研究	中国工业经济	109	基于创新的阶段性对开放式创新生态系统运行的驱动因素进行探索研究，从而解密其成长基因
9	柳卸林、孙海鹰 (2015)	基于创新生态观的科技管理模式	科学学与科学技术管理	105	建议决策部门从创新生态的角度培育更具竞争力的创新生态系统着手，提高国家科技管理的效率和产业创新的能力
10	陈衍泰、孟媛媛 (2015)	产业创新生态系统的价值创造和获取机制分析——基于中国电动汽车的跨案例分析	科研管理	61	分析在"构建—管理"产业生态系统两阶段过程中的"价值创造"和"价值获取"机制

资料来源：笔者检索整理。检索截止时间为 2021 年 4 月 6 日。

创新生态系统是一种互补性协作的实现模式。Shaker 等(2012)提出创新生态系统的松散网络结构,网络中的焦点企业相互依赖、协同发展。由于技术创新复杂性的增加,单个企业无法实现创新目标,因此需要依赖多个主体的互补性协助达成目标。Marco 和 Persaoud(2016)同样赞同创新生态系统主体间的协同有助于处于弱势地位的企业提升技术能力,为企业间技术领域的融入创造机会和条件,同时也增加了创新生态系统的整体价值。杨升曦、魏江(2021)从资源禀赋程度和生态系统位置两个维度关注了不同类型的参与者与焦点企业进行资源互补时的互动过程,归纳出创新生态系统参与者角色、前瞻资源化类型和焦点企业协调机制的匹配逻辑的整合框架。

创新生态系统理论基于创新系统发展而来,是创新系统理论的延伸与拓展。两者有共性也有区别。相同点在于两者都将创新视作复杂的系统化过程,具有开放性、系统性、复杂性和不确定的特点;区别在于创新系统的研究侧重于系统结构和不同创新要素的配置,是从静态结构性视角出发;而创新生态系统更侧重于研究创新主体间的演化关系,具有动态性。因此从创新系统到创新生态系统,意味着创新研究从静态到动态,从单项到多维,从独占到共创。

二、系统结构

随着技术开发速度的加快及研发网络内部资源整合的需要,单个企业往往缺乏特定的知识和资源,通过内部研发获得成功的可行性大幅度降低,企业实施创新战略,其组织边界是模糊与可渗透的(Chesbrough,2004),跨组织边界的研发合作是必然之选,研发企业需要通过与研发网络中其他成员合作获取所需的资源、知识、技术、人才、资金等支持(Peters, Groenewegen & Fiebelkorn,1998),共享开发成本和风险(Biemans,1992)。在创新生态系统中,各个组织位于跨国界知识链的不同位置,分别扮演着知识生产者、知识消费者、监督者和协调者的角色(王海花、谢富纪、周嵩安,2014)。

创新生态系统结构主要围绕演化过程、构建主体、构建要素、构建机制以及网络拓展五个方面进行研究。在企业进行海外研发时,系统边界延伸至海外,与此同时,创新生态系统的构建主体、构建要素、构建机制发生了改变。Moore(1993)将商业生态系统划分为诞生、扩张、领导和自我更新四个演化阶段;从构建主体看,研发国际化时的创新生态系统构建包括来自东道国和母国的大学、投资机构、科研机构、中介机构、企业、政府、用户及其他利益相关者等不同主体的共同合作。创新生态系统主体间合作的形式包括:和高校合作(Sherwood & Covin,2008)、和供应商合作(Benedetto,2008)、和竞争者合作(Dittrich & Duysters,2007;Hamel,1991),以及和用户合作(Danneels,2003;Cuervo-Cazurra,2008;von Hippel,1988)等。张仁开(2016)将创新生态系统的构成要素划分为四大类:一是主体性要素,包括大学、企业和科研院所等各类创新组织与机构;二是能动性要素,主要是指创新创业人才;三是服务性要素,指各类创新的中介服务机构和组织;四是环境性要素,包括创新的经济环境、政策环境、社会文化环境甚至自然环境等。从构建要素看,广泛认可的人力、财力、资产、技术、环境等构建要素之间的交互作用不仅发生在母国或东道国,母国和东道国之间的要素交互的加入使创新生态系统的构建变得更为复杂(张震宇、陈劲,2008)。

三、运行和治理机制

创新生态系统的运行和治理机制是创新生态系统研究的重点。创新生态系统的运行机制就像系统的调节器,决定创新生态系统是否能够与外界进行稳定的能量交换,实现系统的良性运作和自我完善。在系统主体和要素的复杂性增加的前提下,运行机制必然存在更多难以识别的风险,比如技术泄露、收益独享、商业垄断等。而治理机制是实现目标的过程中最基本的保障(陈衍泰、夏敏,2018)。现有文献对创新生态系统的构建和运行机制的研究主要围绕技术主导机制（贺团涛、曾德明、张运生，2008）、利益共享机制（Jackson，2012）和制度化机制（Li，2009）展开；张贵和温科（2018）从开放与共享、竞合与共生、催化与涌现、学习与反哺、扩散与捕获五个方面进行了创新生态系统运行机制研究。

创新生态系统中的协调和控制是治理的目标，企业创新生态系统治理结构包括网络节点、节点间关系和网络整体形态，属于网络治理范畴，创新生态系统治理包括系统主体、主体间关系及系统整体形态的研究（顾桂芳、胡恩华，2017），Rong Ke（2015）从背景、合作、架构、配置、能力、变革提出的创新生态系统的6C框架。Wareham（2014）构建了创新生态系统治理机制，包括角色、认同感和产出；根据治理中心的特性，可将创新生态系统的治理模式分为技术标准型、承包商型、集群型和平台型四类，并结合各理论的生态学含义分析不同生态系统的治理重点。合同是最常见的治理手段。常见的治理机制还包括信任和社会准则，前者是对良好交换关系的自信，后者是对共享行为的期望。此外，还包括了组织结构、绩效测量、管理控制和运营程序的机制；共享决策权的决策机制、谈判协调机制、定价机制和约束机制（张运生，2008）等。

创新生态系统的研究呈现爆发式增长以来，相关理论基础和发展脉络已经较为清晰，也初步形成了相关理论框架，研究内容也得到不断的拓展。但是，目前的研究还存在以下几个方面的问题：第一，研究内容过于偏重理论研究和质性研究；第二，研究内容较为碎片化，对创新生态系统过程演化、运行机理、作用路径等问题缺少系统性研究；第三，创新生态系统理论的应用型研究不足，特别是在新兴经济体情境下的研究就更为缺乏。这也为本书在创新生态系统视角下研究企业国际化问题提供了研究的空间。

第三节 动态能力

一、动态能力的研究视角

动态能力的概念起源于熊彼特创新竞争中企业对已有的各类生产要素重新组合并进行一种创造性的改变以形成新的核心能力,并获得竞争优势的观点,主要研究企业如何获取并维持竞争优势。Teece 和 Pisano(1994)首次提出了动态能力的内涵,认为动态能力是指企业对内外部资源进行吸收、整合和重置以适应环境变化的能力。动态能力在企业战略管理基础上逐渐发展,并应用于战略管理、创新管理、知识管理等不同的领域,这些拓展使动态能力具有更多元的研究视角。

资源基础观解释了企业如何通过资源获得竞争优势,认为异质性资源才是企业竞争优势的来源,然而随着市场的快速发展,异质性资源不再是唯一且不可复制的。核心能力观回答了这一问题,认为组织能力包括一般能力和核心能力,前者影响普通生产经营,后者强调企业根据环境变化进行产品创新、流程再造和市场开发的能力。

一部分学者基于知识基础观进行了动态能力研究,认为知识资源是维持竞争优势的关键,而动态能力是知识型资产的集合(Ellonen,2009),是隐性和显性知识积累和进化的结果,是新旧知识交替循环的结果(Denford,2013)。Tallott 和 Hilliard(2016)提出动态能力首先是利用内部吸收能力获得组织以外的知识,然后通过学习整合能力实现组织内部知识创新。

核心能力是动态能力的又一重要视角,是组织能力和战略管理能力演进的过程(Teece,2007),也是感知和塑造机会、把握机会、协调资源的能力的集合,是企业感知外部机遇和挑战能力、掌握资源及资源再配置的能力（Wohlgemuth & Wenzel,2019）。核心能力理论进一步回答了企业竞争优势来源的问题,但是存在核心刚性和能力陷阱的问题（Makkonena et al.,2014）,不能对如何获取异质性资源并进行有效管理的问题做出很好的解释。在此背景下,Teece(1997)等提出了动态能力理论,并将动态能力看作比核心能力更为高阶的能力,能够保证企业在确定的环境和社会结构中获得持续的竞争优势,是一种对资源进行识别、获取和配置的能力。Wang 和 Ahmed(2007)对"动态"一词做出了解释,所谓动态就是指企业能够快速、准确且创新性地适应环境的能力。企业在海外研发过程中,面对的就是这样一种快速变化、复杂、陌生且差异化的环境,在此过程中,尤其需要建立这种动态的核心能力,以避免核心刚性和能力陷阱,企业对环境变化的适应能力对提高企业绩效有很重要的影响。强大的动态能力可以整合多元化战略所需资源,使企业重新调配资源和能力。

二、动态能力的维度

动态能力的维度是动态能力理论的又一研究重点。依据 Teece 提出的动态能力的分析框架,学者们基本认可动态能力内嵌于企业的组织与管理过程,虽然对于动态能力维度的认识还未达成一致,但是大致可以将维度分为以下方面:第一类是体现常规化程度的动态能力维度,例如,自发问题解决能力与高度模式化程序(Winter,2003);第二类是应用于不同领域的动态功能维度,例如,联盟、新产品开发、企业并购等领域的动态能力(Eisenhardt & Martin,2000);第三类是反映层次结构的动态能力维度,分为零阶、一阶、二阶和更高阶能力;第四类是根据分析主体的动态能力维度分析,比如,个人、团队、组织和外部组织维度;第五类是涉及动态能力的过程类型的动态能力维度,这一类是应用最广的动态能力维度分析,例如,协调整合能力、学习能力及重构能力(Teece,1997),感知能力、获取能力和转换能力(Teece,2007)、吸收能力、转化能力、利用能力(Wang,2015),创新能力、环境扫描与感知能力、整合能力(Helfat &

Raubitsche,2018),感知能力、学习能力、整合能力、重新配置能力（Singh et al.，2019),国内学者也大多遵循这一维度开展动态能力分析。

近年来,也有学者开始关注新兴经济体国家国际化的动态维度。Deng(2020)研究了新兴国家国际化过程中的动态能力,并根据新兴经济体国家的特点,将动态能力划分为认识能力、杠杆能力、学习能力和适应能力。虽然维度层次和维度划分各不相同,但是大家都认可企业流程环节上对外部环节的反映,比如机会识别、资源获取,同时也基本认可从知识转移、获取和再创新环节所体现的核心能力的形成,比如,学习能力、吸收能力、整合能力、重构能力等。本书认可后一种企业动态能力维度划分的观点,从组织行为视角看,探索行为对动态能力产生的影响,组织经验、组织惯性、组织学习是创造和发展动态能力的主要机制。

三、动态能力的影响因素

Teece 和 Pisano 最初提出"动态能力"时还没有研究其影响因素,而后他们逐步加强了对动态能力影响因素的研究。结合文献可以发现,动态能力的影响因素大体分为几类(此处暂不讨论个人层面因素的影响,仅从组织层面进行分析):首先是资源因素,资源丰富的企业一般具有较强的计划、执行和战略变革能力（Helfat & Peteraf,2009),包括财务资源（Eiakremi & Perrigot,2015)、技术资源和冗余资源。尽管对资源对动态能力的促进作用的认识较为一致,但是也有学者认为资源可以成为动态能力的有力补充。其次是组织经验,组织通过边做边学获得的经验,这些经验能够加强企业在进入新市场新行业时的协同整合能力（Chen & Williams,2012)。最后,组织学习是动态能力关键要素之一,是塑造动态能力的核心因素,并通过组织经验性学习和认知性学习影响动态能力,前者体现了企业惯例,而后者打破惯例,进而提升动态能力。此外,也有一部分学者从探索性学习和利用性学习的角度研究组织学习对动态能力的影响,认为探索性学习是正向的促进作用,而利用性学习是负向的阻碍作用,Prange 和 Verdier(2011)提出了高阶动态能力,包括利用能力下的阈值能力和整合能力,以及探索能力下的增值能力和中断能力,构成了国际双元动态能力。学习也能通过知识影响动态能力,通过学习来重新认识原有知识并创造新的知识,以此提升企业适应能力,从而形成企业的动态能力。也有相当一部分学者从企业边界之外的外部环境中寻找动态能力的影响因素,认为动态能力不是凭空发生的,而是受到更广泛的组织环境的影响,比如,行业竞争压力是促使企业发展动态能力的强大动力(Fawcett & Watson,2012)。在 Tecce(2007)提出的前置路径和资源位置的研究框架的基础上,对于企业在何种条件下可能具有动态能力的研究已经取得了实质性的进展。

综上,现有研究对动态能力的研究已经非常丰富,且主要集中于知识源、组织行为和管理者认知领域(郗玉娟,2020),且在企业国际化问题上有广泛的应用。但是,动态能力的核心概念尚未出现并应用于跨国公司及其国际化中(Deng,2020),动态能力如何应用于国际化背景下的创新生态系统网络拓展情境的研究中也尚不明确,并且缺少对后发企业国际化情境下动态能力影响机制的研究。比如,动态能力对作为整体的创新生态的拓展起到了什么作用,对企业国际化过程中的组织、制度、地理和知识间的协同过程中起到什么作用,目前还缺乏相关研究。本书将从创新生态系统的角度研究动态能力在企业国际化协同效应中的作用。

第四节　协同理论与协同创新

一、协同的内涵

协同理论是自复杂系统理论中的重要理论分支。他认为自然界和社会的各种事物之间存在一种有序和无序共存的现象,混沌的状态是无序,协同的状态是有序,在一定条件下,两者之间可以互相转变。系统中各子系统可以通过相互协调、合作或同步的联合作用及集体行为,产生"1+1>2"的协同效应。如果在一个系统内部,系统要素之间只有排斥而无法协同,那么这个系统最终将面临瓦解的结局;反之,这个系统将会通过协同逐渐强大。因此,协同论的重点在于探索事物从旧结构、旧平衡向新结构、新平衡转换过程中形成的规律,是一种可以广泛应用的现代横断科学理论。

协同理论的理论基础包括管理协同和知识协同。

管理协同。安德鲁·坎贝尔在《战略协同》中指出:协同是企业应当重视的问题,是一个"1+1>2"的过程,说明通过管理能够使企业的整体价值大于各部分价值的简单加总。潘开灵、白列湖(2007)提出了管理协同的概念,认为它是在系统处于变革或临界状态下,以协同思想为指导,运用系统性的管理方法和手段促使各子系统或要素按照协同方式进行整合、合作及协调,从而实现互补性与一致性,产生支配整体发展的序参量,使组织走向有序的过程。

知识协同。知识协同的概念由 Karlenzig 提出,他认为知识协同是一种组织战略方法,通过动态集结内部与外部系统、商业过程、技术和关系,使企业绩效最大化。Leijen 和 Baets(2003)认为知识协同是合作双方基于需求和互补性,通过共识进行知识的整合,最终解决问题的过程。陈劲(2012)认为知识协同的成因的外部环境是经济和技术的全球一体化,内部需求是知识已经成为重要的资源且企业对知识的需求量大。在过程方面,Teece(1998)把知识管理的过程分为创造、转移、组装、整合和开发五个过程,陈劲(2008)从能力角度将知识管理过程分为知识获取、知识利用、知识传递和知识保护,这些观点认为知识协同的核心在于提升知识利用和传递的效率,也得到了广泛的认可。

在系统协同的**研究内容方面**,研究从**静态协同转向动态协同,从内部协同转向外部协同**。静态协同主要是联盟和网络的静态联系。战略学家安索夫(Ansoff)提出企业战略要素包括市场规模、战略领域、竞争优势和协同,其中协同得益于规模经济。从这个角度看,协同是为了整合并配置资源,本质上属于一种静态协同,而后续的很多资源整合和资源配用的研究也是基于这个视角。动态协同主要研究资源间的交互作用。日本管理大师伊丹广之提出,可以通过创造性的资源要素和为现有资源要素创造新的应用领域来实现动态协同效应。他认为企业拥有实体资产和隐形资产,只有企业启用隐形资产时才能产生协同。

内部协同指企业内部单元间的协同,比如,波特(Porter)在价值链模型中,将企业业务分为主营业务与辅助业务,分析了在价值链环节可以实现共享业务并获得竞争优势。随着一体化进程的深化,学界开始更加关心组织间乃至组织联盟、组织系统间的协同。Freeman首次提出创新网络概念,认为创新网络是一种基本制度安排,它是企业间实现创新协同的主要连接机制;此后Nornaka和Takeuchi(1995)、Koschatzky(1999)分别从知识和学习的角度定义了创新网络。Freeman首次提出"国家创新系统"理论;此后,Gloor(2005)基于该理论的过程性视角提出了一个中观概念,即协同创新,"由自我激励的人员或组织所组成的网络形成共同愿景,借助网络交流思路、信息及工作状况,合作实现共同的目标"(陈劲,2012)。

二、协同治理

协同治理是协同的研究重点,协同管理机制的相关研究主要围绕协同框架、驱动机制和运行机制展开。Wood(1991)提出的 APO 框架包括了前因、过程和结果三个阶段,是协同治理的经典框架。Balogh(2012)在协同治理的研究中扩展了包括从政府间协同到区域协同,以及公司合作关系的协同治理概念框架。胡雯和周文泳(2021)在社会—技术系统转型理论的基础上,从多元治理主体、治理过程和多情境协同模式及其治理结构角度,构建了颠覆性技术保护空间的协同治理框架。Lahat 和

Sherhadar（2020）研究了协同治理发生作用的条件，包括协同治理的平衡和考察情境。

协同驱动力主要来自两个方面：一是自组织的动力作用，比如，创新主体降低创新成本、分摊创新风险、提高创新效率的内在需求等（杨林、柳洲，2015），自组织的利益驱动力是协同创新的根本内动力；二是以政府为主导的外界作用力，这种驱动力主要用于调控自组织无法实现的贡献，也就是"自组织失效"。陈劲（2012）提出了三维创新驱动力模型，包括科技、市场和文化三个维度；周正、尹玲娜、蔡兵（2013）归纳了技术推动力、市场需求拉动力、市场竞争压力和政府支持力四种协同创新驱动力。在组织内外驱动的影响下，各个维度的创新主体从分散和冲突走向融合和全面协同的动态过程，曹霞、杨笑君、张路蓬（2020）研究了技术距离在自主研发与协同创新的门槛效应。

关于协同运行机制的研究中，大多从合作伙伴选择机制、信任机制、风险控制机制、资源共享机制、利益分配机制等方面出发，研究运行机制如何影响着协同创新的效能。比如 Christopher（1990）认为母子公司通过四个维度实现母子公司协同，分别是母子公司内部各单元核心技术能力的协同和各单元对于目标市场的协同、拥有的资源的协同、现有消费群体的协同；Yamin 和 Otto（2004）认为跨国公司内部的协同创新模式有四种类型，分别是：母公司创新扩散型、子公司创新扩散型、网络创新扩散型和卓越中心创新扩散型，不同类型的知识流动和协同机制关系各不相同。陈劲（2012）从整合及互动两个维度构建了沟通—协调—合作—协同的过程机制。方维慰（2020）研究了与"一带一路"沿线国家进行科技合作时深层次、交互式、宽领域的协同机制。

三、协同创新

有关"协同创新"的研究始于企业技术创新研究领域。协同创新的研究从线性模式发展到系统模式，研究更加具有系统性和互动性。学者们热衷于围绕创新系统理论，探索其内部的运行机理：比如以波特为代表的创新集群、库克（Cooke）、阿什海姆（Asheim）、布埃萨（Buesa）等为代表的区域创新系统、内尔松（Nelson）、费雷曼（Freeman）和多西（Dosi）为代表的国家创新系统，马莱尔巴（Malerba）和布雷斯基（Breschi）为代表的产业创新系统，莫尔（Moore）、艾伦（Allen）和斯里拉姆（Sriram）等为代表的创新生态系统等。这些概念或理论或者关注了创新的空间组织形态特征，或者关注了创新的技术特性。其中，国家创新系统理论的兴起标志着创新研究开始进入"系统范式"时代。在动态能力方面，资源观和知识观是经典的协同创新视角，分别从资源整合获取互补稀缺资源和交互学习实现动态能力互补和知识双向流动的角度解释和创建协同机制。

协同创新是创新管理研究的焦点，也是协同理论在创新领域的应用。协同创新属于非线性创新模式。有关协同创新的研究始于企业技术创新研究领域。协同创新网络已具备自组织的两个必要条件：一是网络具有开放性；二是网络内部各子系统具有非线性相关性（刘丹、闫长乐，2013）。本书在研究企业海外研发时，也将遵从这两个必要条件开展，一是研究企业海外研发时形成的更为广泛的创新生态系统，该系统如何进行物质、能量和信息的交流和拓展，确保创新生态系统具有生存和发展的活力；二是创新生态系统在海外研发时，各系统主体和子系统是如何进行主体和资源的协调合作，减少内耗，充分发挥各自的功能效应，通过各子系统间全面依赖的关系网络和"差序化格局"，实现系统的自增益。学者们从多个理论视角切入进行协同创新的研究，试图寻找创新网络的协同机制。

资源观与知识观——协同创新核心问题的认识。资源观是协同创新的重要视角之一。资源依赖理论认为任何组织都需要通过与外界资源的流动，并获得关键性的互补稀缺资源才能不断发展，资源稀缺程度能够决定组织对资源的依赖程度。资源整合理论从资源识别、资源获取、资源配用的过程出发，研究在合作研发中企业如何整合各要素，并在整体中发挥最大效益。有效的资源整合能够促进创新要素的高效扩散和流动，通过整合创新合作者间的互补资源,摒弃冗余资源,激发创新网络内部创新的动力,提升企业的核心竞争力。

知识观是协同创新的又一重要理论视角。该视角强调与知识、学习有关的活动是创新的基础,认为协同创新的核心是组织学习过程中的知识协同,认为"协同创新"是指创新主体以知识增值和合作伙伴间的创新能力同构为导向,融合多项知识资源及多种协同能力,通过动态能力互补和知识双向流动的方式,进行交互学习和知识创新的双向动态流动过程,使最终所创造的整体知识协同价值大于每个组织单独创造的价值总和。知识协同认为知识协同的构成要素包括知识协同主体、知识协同客体和知识协同情景,并呈现出知识维、空间维和时间维三维运行模式。

线性与非线性范式——协同创新研究范式的演变。在早期的协同创新研究中,有很长一段时间遵循着较为传统的线性模式,即"投入—研发—创新—应用"的程序(王志强、李菲,2016)。在线性范式指导下,创新活动只受到几个因素的影响,不管是熊彼特为代表的技术推动型创新或者是以施莫克乐为代表的市场拉动型创新,还是莫厄里和罗森堡提出的技术与市场综合作用型创新,都认为创新源头与创新发生之间只有简单的线性关系,大学和研发机构为主体的研发机构接受资金资助并产生成果之后,研发成果将会自动地被企业吸收、应用、扩散。创新主体间的系统性、交互性、复杂性没有得到应有的重视。

随着协同创新研究的深入及研发网络的扩大,特别是发展中国家追赶发展问题被广泛关注后,线性的协同创新模式开始无法解释现实问题。此时,创新系统理论应运而生。创新系统基于非线性的系统方法,基于过程从更为宏观的视角研究协同创新,比如创新要素之间的耦合关系,创新过程中动态化的交互特征,等等。这时,协同创新成为一种包括科学技术、市场、企业、制度等要素互相作用的复杂过程。这时,创新不再仅仅是"技术创新",而是成为一种由科学、技术、市场、环境、参与者等要素构成的复杂过程。其中,在研究研发国际化问题时,国家创新系统更适合于国家层面的研究,而创新生态系统理论更适合于企业层面、产业层面和国家层面的研究。

价值共创与"服务生态系统"逻辑——协同创新主体交互的过程。近年来,作为营销管理核心内容的价值共创理论逐渐被运用到创新系统和协同创新研究领域,用以研究创新生态系统主体交互协作创造价值的过程(戴亦舒、叶丽莎、董小英,2018)。

价值共创理论认为价值网络上的主体成员为了获得共创价值而共同参与和资源共享,最终获得市场竞争优势。价值共创理论研究视角经历了由共同生产到共同创造的演变过程,其中共同创造经历了"顾客体验"逻辑、"服务主导"逻辑、"服务生态系统"逻辑几个视角的演化,从"价值""共同""创造"几个核心理念研究了价值共创主体相互关系及价值共创过程。"服务生态系统"逻辑是"服务主导"逻辑的最新发展。"服务主导"逻辑认为价值共创是服务提供者和接受者共同参与创新的过程,创新生态系统中创新主体要素,大学、研究机构、研发企业等可被视作服务的提供者,而实施创新成果的主体可被视为服务的接受者,创新主体组织的创新能力和绩效即为使用价值(戴亦舒、叶丽莎、董小英,2018)。作为最新的逻辑视角,在系统主体相互关系的问题上,服务生态系统认同系统内的所有参与者都是自己或他人的价值创造者和资源整合者(Vargo & Lusch,2008),价值由生态系统内的所有参与者共同创造(Vargo & Lusch,2016),因此价值创造主体间形成一种动态的、松散耦合的复杂网络互动关系(简兆权、令狐克睿、李雷,2016),是参与者通过资源整合和服务交换共同创造价值的组织逻辑。在价值共创的过程方面,服务生态系统强调价值创造过程中的"整合""交互"和"共享制度"(Gummesson & Mele,2010;Wieland,2012;简兆权、令狐克睿、李雷,2016):一方面,系统主体通过资源整合和交互为系统创造价值;另一方面,由于生态系统的松散耦合结构,系统内的"交互"和"资源整合"都是通过非正式条款和合同,也就是非正式制度实现,因此"制度"被认为是价值共创过程中不可或缺的保障因素(Vargo & Akaka,2008)。

第五节　组织双元

一、组织双元的演化

组织双元性是一种新兴的管理学理论,也是管理学的主流研究范式之一。组织面对资源和能力的约束,在市场拓展、产品研发时经常处于两难境地,比如:究竟是利用现有能力从事开放式创新还是构建全新的探索式创新;组织是保持柔性还是建立组织标准化更有利于生产率的提高;当企业组织网络拓展时,如何保持外部环境和内部环境的平衡;等等。表2-3列出了国外期刊中被引率最高的10篇组织双元相关的文献。

组织结构的双元性——组织进化理论:组织双元性理论源自组织进化理论,组织进化理论认为,组织需要适应外部环境所发生的渐进或突变,否则将会被淘汰,因此组织需要通过自我调整以适应不断变化的外部环境,从而形成既适应渐进变化又能应对突变式变化的组织结构。双元性理论强调组织结构的双元性。

组织情境的双元性——组织情境理论:Gibson 和 Birkinshaw(2004)提出了情境双元的概念,突破了组织双元的有形结构约束,从行为视角角度侧重情景设计实现组织双元职能,而非组织结构上的绝对分离,实现组织在外部环境适应性与匹配性上的双元性(凌鸿等,2010),以及环境竞争性对双元创新平衡性、互补性和协同性的关系(彭灿,2021)。

组织能力的双元性——动态能力理论:双元性能力组织核心能力的一种,它强调企业需要同时具备探索和开发能力,而不是先后具备两种能力,应整合双元能力,实现对两者的兼顾企业核心能力的重要体现。

表 2-3　外文期刊中"组织双元论"高频被引论文

	作者	文献题目	期刊	被引次数	主要观点
1	He, ZL & Wong, PK (2004)	Exploration vs. exploitation: An empirical test of the ambidexterity hypothesis	Organization Science	1688	通过研究探索和开发如何共同影响企业绩效来检验"双元性"假设。探索性和开发性战略的交互作用与销售增长率正相关,探索性和开发性发生的新战略的相对不平衡性与销售增长率相关
2	Lubatkin & Michael H (2006)	Ambidexterity and performance in small to medium-sized firms: The pivotal role of top management team behavioral integration	Journal of Management	936	重点关注高管团队(TMT)行为整合在促进处理不同需求方面的关键作用。这些需求对于中小企业实现"双元性"至关重要
3	Andriopoulos & Constantine (2009)	Exploitation-exploration tensions and organizational ambidexterity: Managing paradoxes of innovation	Organization Science	766	提出了嵌套的创新悖论:战略意图(利润突破)、客户导向(紧松耦合)和个人驱动(纪律—激情)。整合和差异化策略如何帮助管理这些相互交织的悖论,并促进双元性的良性循环理论化
4	Jansen & Tempelaar (2009)	Structural differentiation and ambidexterity: The mediating role of integration mechanisms	Organization Science	492	划分正式的和非正式的高级团队和组织整合机制,并研究它们是如何协调结构差异和"双元"之间的关系。结果表明结构分化对"双元性"的直接影响是通过非正式的高级团队实现
5	Birkinshaw & Gibson (2004)	Building ambidexterity into an organization	MIT Sloan Management Review	342	发展并探索了语境的概念。在对齐导向和适应导向活动之间做出选择

续表

序	作者	文献题目	期刊	被引次数	主要观点
6	Jumi & Paulina (2013)	Organizational ambidexterity and performance: A meta-analysis	Academy of Management Perspectives	324	揭示组织"双元"性能关系中的调节因素,推动了组织"双元"领域的发展
7	Rosing & Kathrin (2011)	Explaining the heterogeneity of the leadership innovation relationship: Ambidextrous leadership	Leadership Quarterly	312	提出了一种"双元"的创新领导理论,该理论指定了两种互补的领导行为,分别是开放和封闭的领导行为,促进个人和团队的探索和开发
8	Snell, Kang (2009)	Intellectual capital architectures and ambidextrous learning: A framework for human resource management	Journal of Management Studies	291	确定了促进双元学习的两种不同的智力资本结构,为人力资源管理系统提供关于内部配置和最佳配置提供理论启示
9	Mom, Tom (2009)	Understanding variation in managers' ambidexterity: Investigating direct and interaction effects of formal structural and personal coordination mechanisms	Organization Science	289	建立正式结构协调机制和个人协调机制对"双元"管理者的直接作用和相互作用的模型和相关假设
10	Jansen, Justin (2008)	Senior team attributes and organizational ambidexterity: The moderating role of transformational leadership	Journal of Management Studies	278	探讨高层团队团属性和领导行为在协调高层团队成员之间的利益冲突和实现组织"双元"的作用

资料来源:笔者检索整理,检索截止时间为 2021 年 4 月 6 日。

此外,随着经济一体化程度加深,组织间关系变得日益重要,组织双元性理论提升至组织间层面,在社会网络理论和战略联盟理论基础上研究组织间层面双元性问题,比如战略联盟理论中有学者研究了在组织惯性和依赖性的前提下如何实现联盟间探索开发的平衡(Lavie & Rosenkopf,2006),社会网络理论中研究网络中心度和组织外部多样性如何影响组织双元性的构建(Simsek,2009)。

二、组织双元的研究范式

在组织双元理论演化的基础上,发展出了结构和情境两类组织双元的研究范式。

结构范式:Burns 和 Stalker(1961)在有机性和机械式组织分类的基础上,Duncan(2004)提出了探索性创新与开发性创新二元结构,这种结构成为组织理论学者广泛接受的双元结构研究范式。Tushman 和 O'Reilly(1996)提出了"空间分离"的双元结构模式,认为由于组织双元性的存在,比如探索与利用,组织所需的流程、管理、文化等都不尽相同,同时应对两类不同的活动是困难且复杂的,因此需要在不同的组织内部空间中建立相异的结构性机制来应对。Cao 和 Gedajlovic(2009)提出结构双元性是由两个区别且联系的维度组成,分别是双元性平衡维度和双元性交互维度,并承认了探索—利用组织双元性是既矛盾又统一的关系。

情境范式:情境型双元范式强调信任、文化、氛围等情境因素对双元能力的影响作用,在不同情境下通过组织文化与成员思维方式的转换,认为情境的双元源于纪律、张力和信任,纪律和张力源于有效的绩效管理、支持和信任源于社会情境(Gibson & Birkinshaw,2004)。在组织内硬环境要素(如纪律)与软环境要素(如信任)的协调、母子公司的协调等问题中,引导成员将精力合理地配置到"一致性"(拥有共同的目标)和"调整"(重新配置行动的能力)两个需求上,这两个需求尽管是矛盾的,但是能够通过治理获得协调。

双元性结构范式和情境范式的本质区别在于对组织双元产生的矛盾的处理方式是不同的,结构范式是差异化的处理方式,而情境范式是一体化的。结构范式认为,不同层次的组织需要培养特定的运作方式以分别进行双元建构(探索与利用、拓展与分散、柔性与刚性),帮助组织保持不同的能力,以应对来自不同领域和渠道的机遇和挑战(Gilbert,2005)。而情景范式则选择一体化的方式,保证组织内部具有同时处理双元性矛盾的能力(李桦、储小平,2011)。

三、组织双元的研究内容

组织双元研究的重要目的之一是解决组织创新过程中存在的矛盾和悖论问题,如何平衡组织柔性与稳定性、探索与利用的矛盾、价值获取与价值共创的矛盾、高层执行力与企业活力的矛盾,以及用静态视角还是动态视角看待组织双元的矛盾等。这些矛盾的存在要求组织具有不同的结构、流程和战略与之匹配,使企业在动态环境和竞争中调整相应的策略,因此组织双元性之间存在一种张力(tension)关系。这种张力或者出于创新连续体的两端(Jansen,2006),或者出于对立正交关系(March,1991),需要企业进行协调治理。

Smith 和 Lewis(2011)把组织双元分为归属感(belonging)、组织(organizing)、表现(performing)和学习(learning)四类。

归属感双元性源自组织的复杂性和多样性,个人和集体在寻求同质性与差异性时就会产生双元张力;同样地,双元性也存在于组织网络拓展时海外子公司的价值认同感中。

组织双元性造成了合作和竞争之间的张力(1991)、授权和集中之间的张力、遵循常规和改革之间的张力(Gittell,2004)等。组织双元张力可通过组织竞争和过程设计来达到预期的效果。

表现双元性源于利益相关者的多元性,并导致战略和目标的竞争。不同的内部和外部利益相关者在不同冲突的需求之间的张力显著。例如,企业社会责任强调了一个双重底线,即业绩取决于财务和社会目标。面对组织双元张力,应该如何治理以协调两者间的矛盾,保障组织有序发展?学者们进行了广泛研究,形成了两种主流观点:平衡观与双元观。前者强调在组织内部实现组织双元张力的协调,后者则侧重于双元情境下组织双元张力的两端得到共同提升。

创新悖论管理是平衡观治理模式的体现。Smith和Lewis(2011)在说明组织悖论与困境和辩证法的异同时认为:组织悖论具有双元性,对立而又联系的两极存在于一个统一的整体的对立面,因此组织悖论同时拥有其内部边界和外部边界,内部边界区分悖论两极的区别,突出其对立,外部边界通过构建统一的整体来促进协同作用。这一思想与Poole和Van(1989)提出的悖论时间分离和空间分离模型一脉相承。Poole和Van(1989)在用悖论建立组织管理理论时提出了一种新的理论构建策略:寻找组织理论的张力或对立,并利用它们来促进更多包容理论的发展。在组织管理中出现对立而又联系的两极时,为了促进组织协同,首先需要承认组织悖论的对立面,然后暂时分离悖论两极,最后才是用新的视角协同悖论两极。Jansen(2006)提出可通过接受(accept)、分解(resolve)和解决(solve)三种途径破解探索利用双元悖论。Smith和Lewis(2011)用太极八卦图说明双元悖论与困境、辩证之间的区别,并建立组织动态平衡模型,通过潜在张力凸显的因素、良性循环和恶性循环的影响因素等研究,探索组织二元悖论协调发展治理。Marsh和Andrew(2020)在Smith和Lewis的基础上,用该组织动态平衡模型具体研究了价值获取和创造双元悖论的动态平衡机制。

学习双元性随着动态系统的变化、更新和创新而显现,其间的张力反映了新知识的本质(Abernathy & Clark,1985；Ghemawat & Costa,1993)和节奏(Weick & Quinn,1999),包括在渐进创新或突破性变革之间的张力探索和利用的张力(O'reilly & Tushman,2008),分隔型双元向自治型双元学习的演进(O'Reilly,2013；彭新敏,2021)等,双元性是创新管理领域中研究得最多的部分。

March(1991)首次探讨了"探索—利用"这一对组织双元能力,O'Reilly 和 Tushman(1996)认为一个双元性的组织既要有利用自身资源的能力,也能拥有探索新知识和新技术的能力,即同时拥有探索学习能力和开发利用能力。Benner(2003)在创新领域首次运用了"双元"的概念,根据创新程度和知识积累的不同,企业的创新活动可以分为探索式创新和利用式创新,前者具有较高的风险和不确定性,影响企业长期的发展;而后者需要更多的资金、效率,风险和不确定性较低,影响企业的短期收益,且两者间的交替的自适应过程是一次企业的自我毁灭的过程(March,1991)。随着市场的急剧变化,在两者间转换的难度越来越大,可能形成"一次性组织"(March,1995),陷入转换困境的企业远比失败的企业更多。March 是这样解释探索与开发的对立性的:首先,稀缺性的存在导致资源无法同时满足企业探索和开发的需求;其次,探索和开发行为是具有惯性的,各自会进行不断的自我强化;最后,两种行为的思维方式和组织管理也是完全不同的。因此,处于某一种创新双元结构下的企业在进行企业国际化的活动时,在进程中改变探索或利用的动机和目标是非常不明智且难以实现的,这就更加需要企业在向海外拓展企业边界时认清企业现状与创新动机,选择更为有效率的拓展路径。

多样性通过两种资源获取效应影响组织学习(马丽,2019),第一种途径是通过伙伴多样性的增加,提高获取新资源的机会,从价值链维度看,由于上游价值链活动更侧重以研究为导向,需要获得知识增值,而下游价值链活动更多以商业为导向,因此这一途径有利于探索性学习的发生。第二种途径是通过多样性的增加,企业能够与更多类型和数量的组织进行合作,比如与客户、供应商等建立联盟关系,也更有可能进行现有产品的改良与升级,这有利于利用新学习活动的开展。除此之外,Ahuja 和 Katila(2010)发现,企业维持一定程度的地理多样性能够促进突破性技术发明的产生。

焦点企业与合作方之间知识基础差异、文化差异和地理差异等方面受到双元学习的影响,同时也影响着双元学习。根据 Li(2014)的研究,企业倾向于选择在现有组织边界内或现有知识库内进行近距离知识搜索,以获得开发利用型的研发合作与支持,倾向于通过未知的远距离知识搜索进行探索学习型研发合作。在文化差异方面,组织文化会带来"外来者劣势"影响,环境动态性增加,观察到动态性增加的普遍结果是管理不确定性的增加(Dess & Beard,1984)。为了提高对环境的掌控性和减少不确定性,社会距离和文化距离的增加会导致企业进行更广泛的信息搜索(Daft & Weick, 1984)。杨珍增(2017)认为随着地理距离的增加,海外分支机构在东道国当地的销售比重显著上升,而对于母国的返销比重下降。这表明地理距离与市场寻求型动机呈正向关系,而成本动机与地理距离呈现反向影响关系。

现有研究基本认可探索与利用的相对对立性,也有学者认为在一些特定的分析层次(公司层次、单位层次和个人层次)和条件(如环境动态性)下两者是可以共存的。不论哪一种观点,都认可由于资源稀缺和思维管理模式的不同,两者是较难转换的。因此,在企业国际化前需要正确认识国际化动机,并作为国际化战略选择的前置条件。双元学习的目标和动机与异质性和多样性问题相关,两者互相影响,动机会影响企业异质性和多样性的选择,而异质性和多样性的不同会使企业更倾向于其中某一种学习模式。这为本书打开了理论缺口。

第六节　文献评述

通过以上梳理,从现有的理论研究中大体可以得到以下研究趋势。

(1)**从企业网络拓展向系统网络拓展发展**。在企业国际化网络拓展的现有相关研究中,不论哪个理论视角,都关注了"企业边界为什么会拓展,网络拓展什么时候会停止,边界如何保持稳定,边界变化受到哪些因素影响"等几个关键问题,同时现有研究也认同多样性会影响企业边界的拓展,包括活动多样化、战略多样化、资源多样化、知识多样化等,以及企业能力对该影响的调节作用。然而现有的研究仍然以企业为主要研究对象。在创新主体、要素及其交互更为复杂、企业分工更为细化的当下,共生共存、共同进化的创新网络或创新生态系统的网络拓展问题更应成为研究的重点,探讨系统网络拓展与企业网络拓展在动机、条件、路径和绩效上的差异。

(2)**从"探索—利用"双元结构向更广泛的双元结构发展。**上文从组织双元的演化、研究范式、研究内容和影响因素四个方面对相关文献展开了综述。目前,组织双元的研究多从组织管理角度进行切入,且其中的"探索—利用""渐进—突破"双元结构一度受到了广泛的关注。未来,在研发国际化过程中,组织双元可以突破"探索—利用""渐进—突破"的传统视角,关注"合作—竞争""价值获取—共创"等双元问题。同时在双元结构范式和情境范式指导下,研究"制造能力强—研究能力弱"情境下中国企业国际化进程中双元结构的异质性、双元结构下创新生态系统网络拓展的时空路径等。

(3)**从"非此即彼"的协同理念向"平衡互动"的协调理念发展。**双元治理问题上,现有研究已经从"非此即彼"的二元治理理念向"平衡互动"的协调治理理念发展,关注组织双元间的悖论张力。这为未来的研究提供了启示,在双元治理中可以更加关注如何建立统一的整体,将矛盾悖论间的张力转化为协同动力,实现双元结构下的协同,即双元结构的动态平衡问题。

(4)**从"发达国家"情境向"后发国家"情境转变。**研发国际化理论目前更多的是以发达国家间或是新兴经济体国家向国家的研发为研究对象的。随着经济和科技全球化水平提高,东亚新兴工业化国家,如韩国、新加坡、中国的快速增长成为后工业化经济体成功追赶的典型。"一带一路"倡议将新兴经济体国家间的研发国际化问题提上日程。不同研究对象的国际化动机、模式、路径、绩效是否存在差异,这是未来研究的热点之一。现有的创新生态系统理论注重演化脉络的梳理,探索现有的理论与创新生态系统理论间的关系,归纳了创新生态系统理论的研究热点和未来应用场景,也开始逐渐关注情境问题,需要进一步嵌入环境情境,关注创新主体与环境的互动,强调情境因素对系统形成和治理的重要作用。具体到中国情境中的研发国际化和创新生态系统的研究,需要更加关注其"后发追赶"研究情境、"制度二元"研究情境、"技术—市场双重劣势"研究情境和"渐进式国际化"研究情境。

以上四个研究方向的变化也成为本书展开的基础,为进一步研究创造了条件。

第三章　研发国际化中创新生态系统网络拓展机制

第一节　研发国际化中创新生态系统网络拓展机制的理论框架

随着经济全球化和科技全球化的不断深化,科技资源在全球范围的流动与重组,企业逐渐改变在本土从事研发活动的方式,加快了向海外转移研发基地的进程(贺团涛、曾德明、张运生,2008)。在此背景下,创新的研究范式也发生了变革,从传统的封闭式向开放式转变。在开放式创新研究进程中,有学者开始将开放式创新范式与创新生态系统融合(Traitler,2011;马宗国、尹圆圆,2017)。

面对环境的不断变化及信息网络新生态系统边界的日趋扩大和模糊(顾桂芳、胡恩华、李文元,2017),创新主体和资源跨越国家边界,开放式创新范式下的创新生态系统的主体范围更为广阔,创新主体间的交流更为频繁,创新资源的流动更为频繁,创新链条的运行更加生态化,创新环境也更为复杂多变。因此,在开放式创新范式下,企业研发国际化的过程可以体现为企业的创新生态系统从国内向国外的多技术的发展,企业的创新环境发生改变,网络创新模式的完全开放性、企业创业跨界延伸和拓展的过程,是来自研发东道国和母国的成员及成员间关系形成和演化的外在表征。在此过程中,创新生态系统内的资源、知识、信息流动更为频繁,成员间合作更为广泛,创新效率有效提升。

创新生态系统通过同质性和异质性的有机融合实现价值共创。一方面,创新生态系统各主体在分工、合作及价值共创中形成的异质性,是生态系统形成竞争优势的主要来源,同时也是系统协同效应产生的基础,只有创新生态系统的各个主体在资源、能力等方面具备足够的异质性,才能为协同效应创造空间;另一方面,创新生态系统作为一张结构严谨和高效运行的价值网,位于各网络节点的主体具有共同的创新目标、创新环境及相似的行为模式,"同质化"是创新生态系统作为整体获取超额利润的保障。因此,创新生态系统缺少"同质性",则无法发挥协同效应的潜在基础。

根据企业海外研发过程中的国际多样性和合作伙伴异质性双元结构,本书将企业海外研发创新生态系统网络拓展刻画为四个维度的网络拓展,包括创新生态系统的知识网络拓展、创新生态系统的组织网络拓展、创新生态系统的地理网络拓展和创新生态系统的制度网络拓展。在每一个维度的网络拓展过程中,都尝试回答企业海外研发过程中的两个核心问题,即"集中或分散"问题及"相似或相异"问题。本书将从多样性(知识多样性、组织多样性、地理多样性)和组织间距离(知识距离、组织距离、地理距离、制度距离)两个角度,进一步探索企业海外研发创新生态系统知识网络拓展、组织网络拓展、地理网络拓展和制度网络拓展。不同研发动机下不同维度网络拓展的多样性与异质性的"创新组合",均会对企业创新生态系统国际化产生不同的影响。具体的理论框架构建思路见图3-1。

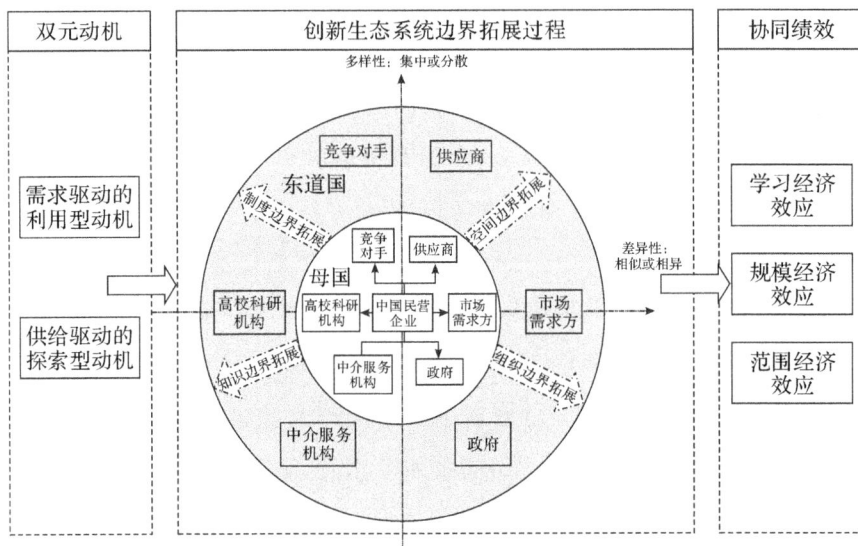

图 3-1　创新生态系统网络拓展机制的理论框架

第二节　创新生态系统网络拓展的理论基础

企业海外研发活动之前具有"探索—利用"双元动机问题、在企业海外研发的过程中存在"集中—分散""相似—相异"的双元战略选择问题。这是企业海外研发全过程的核心问题,可见企业海外研发过程具有基于驱动力的双元结构、基于多样性的双元结构和基于异质性的双元结构。

一、"探索—利用"——基于"创新能力"的双元结构

在中国企业海外研发"后发追赶"的特殊情境下,与传统研发国际化研究相比,由于后发企业同时面临外来者劣势、来源国劣势和新兴者劣势,因此后发企业海外研发的动机发生了改变:一方面,随着新兴经济体

的崛起,需求多样化、科技能力分散化,以及科技、人才等创新资源的全球转移,出现了源于新兴市场需求的创新产品在成熟市场的"反向创新"现象,同时"一带一路"倡议的深化,新兴市场间的研发网络拓展出现,意味着国际研发动机从"知识资源利用"向"知识资源搜索"发展,并且其搜索的范围已从传统发达国家拓展到了新兴经济体国家。新兴经济体国家研发国际化的动机是复杂的,而不是单一的。一项特定的国际化战略往往同时具备资源利用和探索需求,多种动机可能是并存的(尹忠明、李东坤,2015)。另一方面,同一企业在进入不同的国家时,动机同样是不同的。因此,企业海外研发的动机具备"探索—利用"的双元性结构,即**东道国资源搜索和母国优势利用双元结构。前者基于"供给驱动型"动机**,以获取东道国知识、技术、人才、资源等互补性资源为主的供给因素,特别是科技全球化的进一步深化,新兴经济体国家也被纳入"供给者"的行列,这种动机又称"知识增值型"(HBA)、"探索学习型"研发(exploration)。后者是**基于"需求驱动型"的动机**,如解决生产地、客户和消费市场的拓展问题。这类企业一般在国内市场趋于饱和、产能出现过剩的环境下出于拓展市场的动力进行海外研发,同时能够绕过贸易壁垒,进而实现进入和拓展国际市场的目的。此时,知识主要从母国流向东道国,将已有产品、知识和技术应用到更加广阔的市场,这种动机又称"知识利用型"(HBE),又称"开发利用型"研发。

跨国公司海外研发往往存在多种动机,但多数海外研发项目会以一种投资动机为主(尹忠明、李东坤,2015),根据"探索—利用"双元驱动动机,可以将企业海外研发的动机可能存在"高需求—低供给""高需求—高供给""低需求—低供给""低需求—高供给"四种创新动机组合,见图3-2。

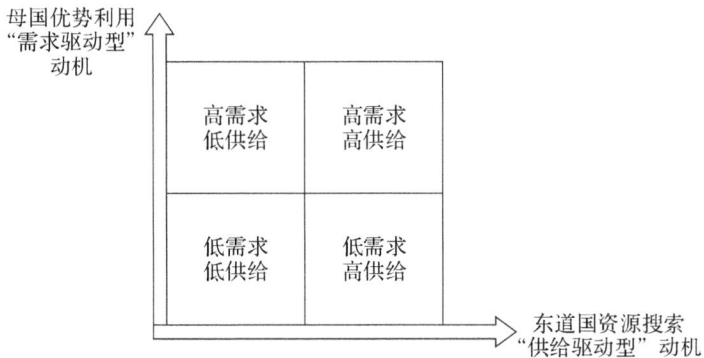

图 3-2　双元动机下的四种创新动机组合

二、"集中—分散"——基于"国际多样性"的双元结构

企业进行海外研发行为时的核心问题是"集中—分散"问题,通俗来说就是:"走到很多国家去还是集中在一个或少数几个国家","在很多领域进行研发还是集中在一个或少数领域","和很多合作者合作还是保持与一个或少数几个合作关系",以及"集中或分散到底能不能提高创新能力,能不能带来创新绩效"。

知识基础观和组织经济学理论分别提出了相悖的观点。从知识基础观角度看,"相对分散"的海外研发有利于企业利用已有的技术知识与新市场相适应,在此过程中获得新知识,以此提高创新能力(Furman,2003;Kogut & Zander,1993);而组织经济学则强调:"相对集中"的海外研发活动有利于节约沟通协调成本,以此获得范围经济(Argyres & Silverman,2004)。在中国这样的新兴经济体国家,这一悖论尤为明显(魏江、应瑛、刘洋,2013)。一方面,新兴经济体与发达国家知识基础差距大,知识资源分布不均,需要通过探索或开发的海外研发行为进行追赶;另一方面,制度缺失和差异,使跨边界研发的风险和成本大增。因此,如何整合知识基础观和组织经济学理论,"集中—分散"多样性双元结构又是如何影响企业网络拓展,因此研究网络拓展过程中的协同非常有必要。

Hitt，Ireland 和 Hoskisson（2007）认为国际多样性是一种战略，通过这种战略，公司将其商品或服务的销售跨越全球区域和国家的边界，拓展到不同的地理位置或市场。这种战略将回答企业海外拓展时的"集中—分散"问题。多项研究证明：国际多样性既是企业海外研发的动力，又是企业海外研发的阻力。企业在海外研发过程中，是否能够进行有效协同、减少国际多样性带来的阻力，成为企业海外研发研究的重点。

本书从内在机理角度划分国际多样性的研究，将创新生态系统网络拓展的国际多样性的维度进一步整合为以下三类：知识多样性、组织多样性和地理多样性。

第一类从知识/技术的角度研究资源多样性，体现知识/技术的集聚和分散程度，并将"知识多样性"定义为知识主体所具有的与知识、技能和能力相关的个体特征的差异性，知识多样性包括知识和技能多样性。

第二类从组织维度考察多样性，组织多样性意味着企业获取不同类型的知识；并将"组织多样性"定义为研发伙伴来自多种组织类型的程度，因此又称研发伙伴组织多样性（以下简称组织多样性）。

第三类从地理维度刻画多样性，地理多样性意味着文化、经济的差异，并将"地理多样性"定义为焦点企业的研发合作伙伴分散在多个国家的程度，即组织跨越国家边界的地理多样性。

知识多样性是国际多样性的表现之一。与知识多样性相关联的概念有很多，比如知识多元化（徐露允、曾德明、李健，2017）、技术多样性（寿柯炎、魏江，2018）、技术知识多样性（刘凤朝、张淑慧、朱姗姗，2018）等。

知识观的大量研究普遍认为知识搜索宽度和深度是知识库的基本构建块，前者反映了主体知识元素及技能领域多样化程度的变量，后者反映了主体对某一领域知识和技能积累的程度，体现主体对特定领域知识和技能的熟练化和专业化程度，而企业在经营业务过程中涉及的技术知识层面的宽度或广度表现为知识多样性。因此，知识多样性指的是企业拥有的知识基础中知识元素涉及技术领域的分散程度和积累程度。

知识多样性中的"多"主要体现在企业涵盖科学知识、技术和商业化知识的程度。知识多样性高的企业可以通过知识和技术交叉领域带来的范围经济,率先发现创新机会,并提供更丰富的思路(Suzuki & Kodama, 2004),同时能够减少整合不同领域知识和技术的成本,提高创新效率。但是随着技术多样性程度的增加,外部技术知识与内部现有技术知识重叠或相关的可能性增大(Cohen & Levinthal,1990),企业也会面临用更高的成本来复制企业的多样化技术资源的问题。

组织多样性是指在研发网络情境下,焦点企业的研发伙伴跨越组织边界或地理边界,桥接多个知识库的程度(寿柯炎、魏江、刘洋,2018)。聚焦于组织多样性的研究大致有三类,包括组织维度、技术维度和地理维度。如果说知识多样性考察的是焦点企业获取不同类型的知识和技术的分散程度和积累程度,那么组织多样性考察的是焦点企业从不同类型的合作者中获取知识和技术的程度。此类研究通常将研发合作者的组织类型简单分成上下游企业,或者进一步细分为高校、研究机构、供应商、顾客、政府等利益相关组织类型(Bruyaka & Durand,2012;魏江、张妍、龚丽敏,2014;Leeuw, Lokshin & Duysters,2014)。

资源观认为企业为了获取互补性资源,与其他组织进行合作(Wassmer & Madhok,2017)。合作伙伴的组织多样性能够为企业带来多样化的非冗余资源和信息,并根据企业自身的整合能力,通过获取不同程度的互补性和协同性提升创新绩效。而交易成本理论则认为,随着组织多样性的增加,企业需要花费更多的成本进行管理和控制,甚至抵消多样性带来的互补性收益(Faems et al.,2008)。

地理多样性是国际多样性的又一个维度。地理多样性是指焦点企业的研发合作伙伴跨越地理边界的程度,反映了合作伙伴在文化、经济等方面的差异性。地理多样性可以是国家边界之内的,也可以是国家边界之外的。不同地理区域的伙伴间的差异会影响组织间的合作和交流。地理多样性强的焦点企业能够接触到其他地域合作者的异质性、互补性资源和知识,同时地理多样性程度高的企业能够更好地发挥这类资源的优势,因为地理多样性高的企业对国外用户的需求偏好更为了解(Lavie & Miller,2008),从而带来有效创新。同时,地理多样性也可能带来一些问题,比如,交易成本问题,过高的地理多样性必然会带来高昂的交流成本、协调整合成本等;再比如互补资源的识别和吸收问题。因此,虽然相关研究很多,但是地理多样性与创新的关系没有形成定论,有学者认为地理多样性促进了创新(Phene & Almeida,2008;Cantwell & Mudambi,2005);也有学者提出两者间存在抑制关系(Singh,2008);Lahari(2010)和 Kafouros 等(2008)发现地理多样性和创新绩效之间存在倒 U 形关系,而 Hsu 等(2016)却认为地理多样化与创新绩效之间的关系是 U 形的。

三、"相似—相异"——基于"合作伙伴异质性"的双元结构

如果说多样性的核心问题是"集中—分散",那么企业海外研发过程中创新生态系统异质性网络拓展的核心问题则是创新生态系统主体跨越边界前后各维度的差距。

从社会学角度看,"相似性假说"认为:在一个二元结构中,双方越相似,就越有可能产生有利的结果,因为双方的相似性将导致吸引力,而双方的差异性会使互动变得困难。双方相似的价值观、地位、知识基础等既是社会关系的基础,同时又是社会互动的基本机制。而从资源观角度看,异质性又是企业交流互动、知识传递共享的动力。异质性的存在,使企业通过获得互补性资源而实现价值增益,过于相似的企业会失去合作的动力。

因此,企业在进行跨边界海外研发时,将会面临的核心问题之一是:到底应该选择与自组织相似的合作者,还是应该选择与自组织相异的合作者呢?距离问题的存在直接影响着组织目标的实现程度。

本书采用 Cummings(2003)和姚威(2009)的观点,将伙伴异质性理解成合作组织间的差距和距离,并用焦点企业与合作组织间各个维度间

的距离衡量"相似或相异"的问题。结合创新生态系统网络拓展框架和现有研究基础,本书将组织距离的维度划分为知识距离、组织距离、地理距离和制度距离。

Amabile(1996)认为知识距离是学研方和产出方在知识结构和水平上的差异;Cummings 和 Teng(2003)将知识距离定义为知识发送者与知识接收者间知识的相似程度;陈博(2009)认为知识距离是指新知识的某一信息状态转移到与买方的基础知识实现共同信息最多的新知识信息表达状态的距离;蒋楠、赵嵩正(2016)认为知识距离指的是企业之间技术/知识基础的相似程度。虽然定义不尽相同,但是从以上定义和概念中可以发现,对于知识距离的认识集中体现了知识接收者和发送者之间的知识势差。在知识距离的度量方面,一部分学者认为知识距离是可以被衡量的,比如,用广度和深度来衡量知识距离,用于表示知识的差异性和集中度;此外,也有用个人层面和技术层面的差异来表示知识距离,以及用组织距离和组织间员工的职业距离来衡量等。同时,一部分学者认为知识距离的概念难以衡量和表达,因此从知识距离的外延进行研究,比如,从自我感知、他人感知、知识感知三个维度表示知识距离。本书将知识距离定义为焦点企业在海外研发过程中,由于合作者组织类型的不同,所处的国家不同、企业知识和专业背景不同、海外经验不同、企业高管对海外拓展的重视程度不同等,造成了焦点企业与合作者之间客观存在的知识接受者和发送者之间的知识势差。

Simonin(1999)认为组织距离是双元主体在商业惯例、制度传统和价值观方面的差异程度,是知识转移的主要影响因素。王晓彤(2015)认为组织距离是不同合作伙伴处于有差异的背景中,而在组织结构、组织技能、制度传统和文化习惯等方面产生的距离。Szulanski(1996)指出组织距离会给不同组织之间带来不确定性。国内外学者从不同角度出发,对国家之间的差距及跨国公司母子公司组织内部之间的差距进行了研究。Tyebjee(1988)把合作双方在国籍上的差异等同于组织距离,Simonin

(1999)认为不同合作者在商业行为、制度和文化间的差异是组织距离，Chini(2004)把组织间结构、流程和价值观间的差异当作组织距离。可见，组织距离会根据组织间运行发展角度的差异，以及研究目的的不同而有所不同。本书将组织距离定义为不同合作伙伴处于差异化的背景中，在组织结构、组织技能、制度传统和文化习惯等方面产生的距离。

地理距离反映在企业海外研发拓展中，与合作者在地理上的邻近性即地理距离，在很大程度上影响着知识的国际流动。传统的关于地理距离及创新绩效的研究认为：较小的地理距离能够促进组织间信息的频繁交换，同时减少信息传输过程中的扭曲和失真现象，此外，知识技术中的隐性知识的传播也依赖近距离的观察和学习，过大的地理距离将会提高知识流动的交易成本。然而近期的研究发现，地理距离的作用正在逐渐弱化。资源和知识的同质性使企业开始寻求跨区域的异质性知识和互补性资源，过小的地理距离不利于企业获得异质性资源。通信技术和交通的快速发展也大幅度减少了组织间的交流成本，使合作研发打破了空间的限制。因此，需要与较大地理距离的外部组织进行合作(Chesbrough，2008)。本书将**地理距离**定义为企业进行海外研发拓展时，与海外合作者在地理上的邻近性。地理距离在很大程度上影响了国际知识流动。

Kostova(1997)在 Scott 制度三支柱理论的基础上提出了制度距离的概念，试图更全面地展示国家间管制、规范和认知的差异。与文化距离等静态指标相比，制度距离更能具体地体现国家间的差异，以及在面对这些国家间差异时企业所应具备的应变能力，因此制度距离受到了国际商务和创新管理学界的重视。特别是随着新兴经济体国家在经济和科技领域的兴起，其复杂及不完善的制度环境为企业的国际商务和海外研发增加了很多的不可预知性，因此制度距离同样受到以新兴经济体为研究对象的学者的高度重视。制度距离的构成维度方面，现有研究常用的分类法包括二分法制度距离、三支柱制度距离和四象限制度距离。二分法将制度距离分为正式制度距离(国家法律法规等)和非正式制度距离(道德、价值观等)。三支柱制度距离将制度距离分为管制距离(国家间法治环境的差异)、规范距离(国家间社会规范的差异)和认知距离(国家间信仰、文化、道德的差异)。Kostova(1997)指出制度差异单一维度不能全面反映制度距离,他认为应该加入制度不确定性维度,并根据这两个指标形成四象限制度距离分类法。本书将**制度距离**定义为国家间管制、规范和认知的差异。

第三节 双元结构下创新生态系统网络拓展过程的维度

一、创新生态系统知识网络拓展

在创新系统中流动着的知识是创新驱动的基石。企业整合和利用组织外部相似或不同知识的创新活动进行知识网络拓展。当企业海外研发行为发生时,创新生态系统的知识突破母国边界,开始向东道国延伸:企业不仅从本国,也能从海外研发东道国的高校和科研机构等获得新知识,更新知识储备;同时,企业与母国上下游相关企业间、企业与海外子公司间、企业及其子公司和海外上下游企业将通过专利转让、交叉许可、专利捐赠、人员流动与借调等方式进行知识转移。为实现知识共享、消化、吸收和增值,不同组织所拥有的知识需要具有协同性质(王海花、谢富纪、周嵩安,2014)。因此,组织间知识内容、形式的匹配,专利转让、产权保护等政策的协同,在跨国界拓展的同时,显得更加复杂和重要。

学者们习惯用单一边界模式进行知识网络拓展研究,探索简单二分法维度研发行为下的知识网络拓展及其协同效应。但知识搜索是在不同的维度上进行的(Li,2008),企业进行海外研发时,其创新生态系统往往同时跨越多个知识边界进行。因此,本书将基于双重网络拓展模式,从知识距离网络拓展和知识多样性网络拓展两个维度进行企业海外研发创新生态系统的知识网络拓展研究。

1.创新生态系统知识边界多样性拓展

Sidhu 等(2004)和 Sidhu(2007)提出企业研发探索和开发有"供给侧""需求侧""地理侧",分别对应技术功能、产品市场功能和空间维度。Li(2008)从知识距离和知识类型两个方面讨论了时间维度、空间维度及认知维度的探索和开发知识网络拓展问题,并从技术生命周期的视角来理解知识类型的差异。企业早期在基础研究领域进行研发投资,以获得科学知识;在中期,进行应用研究的研发投资以获得新技术;后期将寻找将产品和服务商业化的新知识。这是从价值链功能差异角度进行知识类型的划分,体现知识的多样性。因此,海外研发过程中创新生态系统知识多样性网络拓展可以是科学知识、应用技术和产品服务商业化知识间的互相转化。

2.创新生态系统知识距离网络拓展

本书将知识距离定义为企业搜索的新知识与现有知识之间的距离。价值链上不同环节各主体之间跨越认知差异,发生不同功能类型的知识网络拓展,可能是跨越学科差异的拓展,比如,生物学、化学、物理学间的知识网络拓展;可能是跨越技术差异的拓展,这类知识拓展涉及技能和实践,比如,化合物开发、半导体材料、软件编码、运动工程等;也可能是市场细分差异,这类拓展是跨越不同产品、不同市场、不同营销实践知识功能的。在同一学科维度、同一技术维度或同一市场维度的知识称为同质性知识,涉及不同学科、不同技术或不同市场的知识称为异质性知识。因此,企业在进行海外研发时,创新生态系统知识距离边界的拓展可以是跨产品市场知识的距离,可以是跨技术知识的距离,也可以是跨学科知识的距离。

综上,本书构建的创新生态系统跨知识边界模型如图 3-3 所示。在知识多样性维度中,企业在海外研发时,如果拥有科学、技术、产品市场知识三类知识的类型越多,知识多样性程度越高;拥有的知识类型越少,知识多样性程度越低。在知识距离维度中,企业和合作伙伴跨学科距离越远、技术水平差距越大、产品的目标市场距离越远,知识距离越大,反之则知识距离越小。因此,企业在进行海外研发时,知识边界将会有四类拓展方向:"距离近—类型少"知识网络拓展、"距离近—类型多"知识网络拓展、"距离远—类型少"知识网络拓展和"距离远—类型多"知识网络拓展。

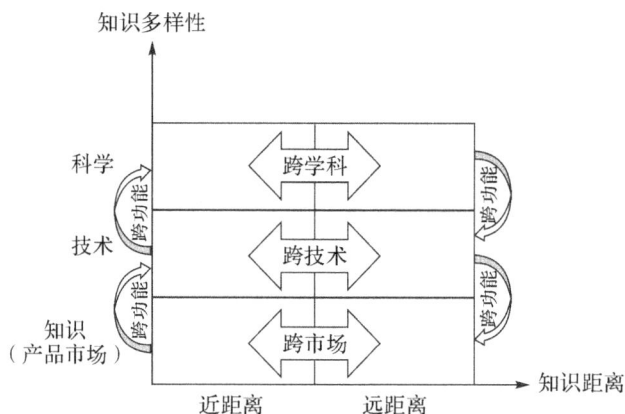

图 3-3　创新生态系统跨知识边界模型

资料来源:Yi & He(2015)。

二、创新生态系统组织网络拓展

随着经济全球化和科技全球化的深入,研发企业的组织边界进一步拓展。在海外研发国际化的过程中,研发网络向海外延伸,不仅需要与国内高校、科研机构、供应商、竞争者、用户、政府等合作,同时也需要与海外研发东道国所在地的高校、科研机构、供应商、竞争者、用户、政府形成战略合作关系。这无疑增加了企业克服来自不同国家经济发展水平、不同技术水平、不同组织文化、不同组织结构、不同战略定位和发展战略、不同行业归属的障碍及灵活选择合作方式的难度,对创新生态系统跨组织边界下的组织协同提出了更高的要求。

本书仍然采用双重网络拓展模式，从组织距离拓展和组织类型拓展两个维度研究企业海外研发过程中的创新生态系统组织网络拓展问题。

1. 创新生态系统组织距离网络拓展

组织及其成员的实际行为与期望行为之间存在差距，这些差距构成了组织运行过程中的"距离问题"。不同个体、不同类型的组织具有组织文化、组织规范、行为准则、企业实践等方面的差异，这些都构成了组织间的组织距离。组织距离影响着组织目标的实现程度（覃正、井然哲，2006）。根据 Stephen（2018）的研究，组织距离可以划分为显性的物理距离和隐性的心理距离两个维度，不同的组织具有差异化的物理特征，有些特征是显著的，比如地理距离和技术距离；而有些特征是隐性的，不容易被直接观察，比如心理距离、社会距离、文化距离等。本书在研究组织网络拓展中的组织距离网络拓展维度时，仅指隐性的组织距离，即随着企业海外研发活动的展开，创新生态系统的组织网络拓展到研发东道国，由于母国与东道国的社会、文化、经济、制度的不同，创新生态系统在跨越组织边界时会体现出社会、文化等差异化特征。

2. 创新生态系统组织多样化网络拓展

企业海外研发过程中的组织网络拓展就是指企业在跨地理边界过程中出现的外部网络拓展（丁雪、杨忠，2017）。通常情况下，企业海外研发的合作伙伴可以分为 6 大类：（1）设备、原材料或软件的供应商；（2）市场需求方；（3）市场竞争者或同行其他企业；（4）咨询或其他中介机构；（5）高校或科研机构；（6）政府。

在梳理国内外学者的相关研究的基础上，本书将海外研发创新生态系统构成要素分为**三大类：第一类要素组织是创新生态系统内的主体性组织及其联盟。**除了核心企业，还包括母国和东道国的高校、科研机构及其研究联合体，主体性要素组织是创新生态系统的创新知识生产者，是系统内创新动力的核心力量。**第二类要素组织是创新生态系统内的辅助性组织，**包括母国和东道国的供应商、生产企业、经销商、用户、竞争对手等在内的商业运营群,辅助性要素组织以目标市场为服务对象,连接了价值链上下游,是创新生态系统价值转化的关键环节。**第三类要素组织是创新生态系统内的服务性组织**,包括母国和东道国的政府管理部门、各类市场化的中介服务机构等组成的市场维护群。

三类不同的组织类型之间存在同质性组织网络拓展和异质性组织网络拓展。Xiao等(2015)从跨组织边界和跨技术边界两个维度来探讨企业的跨界研究行为(BSS),认为在中国语境下,跨组织边界研究将进一步分为技术驱动型跨界研究和市场驱动型跨界研究。技术驱动跨界行为主要是指企业跨组织边界,与大学、科研院所、商业实验室等研究机构合作,搜索研究科学技术资源;市场驱动型跨界行为是企业跨组织边界的市场信息搜索行为,其主要目标是市场信息交换主体,包括供应商、竞争对手、行业协会、专业会议等。

本书的"同质性组织网络拓展"是指研发企业向技术驱动型进行跨组织边界活动,企业首先需要联合其他外部创新知识生产者,这类同类组织间强强联合;"异质性组织网络拓展"是指研发企业向市场驱动型组织进行跨组织边界活动,此时,创新生态系统的组织边界向东道国辅助性要素组织和辅助要素组织进行异质性拓展(见图3-4)。主体性要素组织边界需要向辅助性要素组织拓展。出于提高创新产品在当地市场的适应性、创新资源邻近性和当地适应性的考虑,企业在海外研发的过程中,需要与东道国供应商、竞争者、用户保持合作。通过与供应商合作,利用供应商技术,企业专注于开发、利用和维护核心技术(Marchi,2012),从而在产品开发成本、产品开发周期、产品质量等方面获得竞争优势(Belderbos,Carree & Lokshin,2004;陈劲、吴波,2012)。通过与用户合作,企业利用互补性知识、增强用户信心、创新定义等途径,获得创新意识、改进解决方案、获得市场信心,从而满足多样化的用户需求,同时降低复杂的市场风险(Belderbos,Carree & Lokshin,2004)。通过与竞争者紧密合作,企业能够通过资源互补(高山行、周匀月、舒成利,2015)、分散成本与风险、提

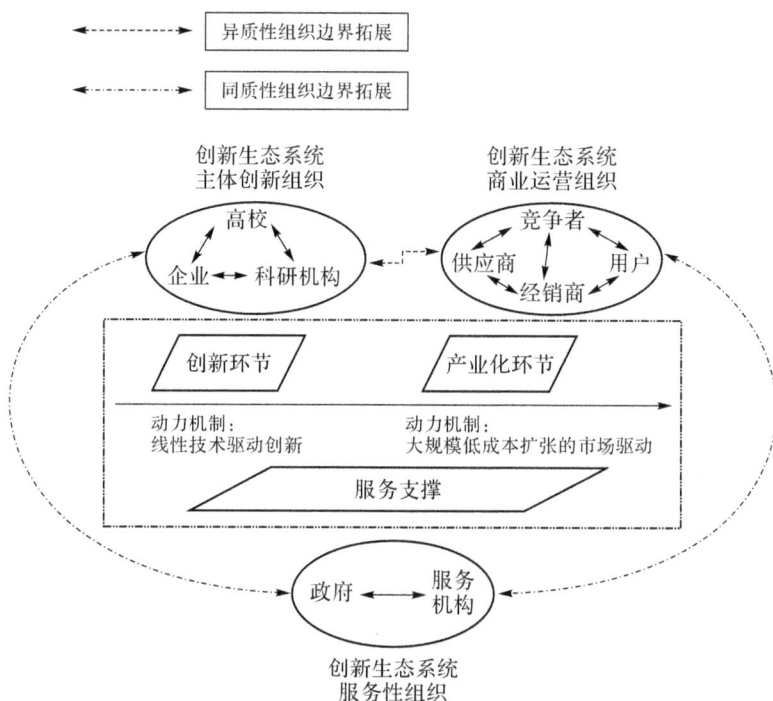

图 3-4　创新生态系统组织网络拓展过程

高集体议价能力、制定行业标准、设置进入壁垒等提高行业影响力（Hippel，2005），实现突破式和渐进式创新。主体性要素组织边界需要向服务性要素组织拓展。研发企业在国内进行创新活动时，需要来自本国政府和中介组织的服务支持，当企业跨国界进行海外研发时，为了更好地融入东道国市场，需要获得来自东道国和中介组织的支持，特别是当东道国为发展中国家时，由于政治、经济环境的复杂性和不稳定性，来自服务性要素组织的支持就显得更为重要。政府能够通过制定相应政策，比如资金和税收政策，直接或间接地支持和引导企业进行创新活动，为企业提供更好的创新环境，降低企业创新投机成本、加快社会成果转化速度、加快落实预期收益（戴园园、梅强，2013）。市场化的中介服务机构在创新网络中起到了黏合剂作用，通过引导合作网络，促进各类型组织间建立有效的合作关系，使企业快速、低成本地获得知识和资源（Bellamy, Ghosh &

Hora,2014),降低重复性和风险。同时,中介服务机构有利于各类型组织成员间建立互信(闫春、赵巧艳,2014),形成群体生态效益(储节旺、吴川徽,2016),推进创新知识的转移与共享。

当企业进行海外研发时,在组织类型拓展的问题上,面临着组织多样性与互补性的平衡问题,首先是向认知、习惯、文化等方面与自身更接近(更远)的组织拓展,即"组织距离"的选择问题。其次是向同质性组织拓展进行强强联合,还是向异质性组织拓展获得优势互补,即"组织多样性"的选择问题。

因此,企业在进行海外研发时,组织边界将会有四类拓展:"距离近—类型少"组织网络拓展、"距离近—类型多"组织网络拓展、"距离远—类型少"组织网络拓展和"距离远—类型多"组织网络拓展。

三、创新生态系统地理网络拓展

创新生态系统网络拓展过程中,地理网络拓展是最为显著同时也是最容易被观测和计量的,因此,地理网络拓展是学者们关注且研究颇多的领域,但是地理网络拓展的研究维度比较单一,或者将研究机构数量作为衡量地理网络拓展的唯一维度,或者将东道国、母国间距离作为衡量地理网络拓展的唯一维度,也有一些研究从研发空间结构方面考察地理网络拓展。

基于创新生态系统网络拓展中的多样性和差异性两个核心问题,本书将从地理距离和地理多样性双元维度构建创新生态系统地理网络拓展,认为合作伙伴或研究机构的数量仅仅是衡量指标,而不能作为地理网络拓展的维度。双元维度中,地理多样性关注企业在海外研发时,创新生态系统网络拓展的"地理集聚度/分散度"问题(Malecki,1991;祝影、杜德斌,2008;盛垒,2009;杜群阳,2011;应瑛,2013),即企业进行海外研发时合作国别的数量多少问题;地理距离关注企业在海外研发时,创新生态系统网络拓展的"距离远/近"问题,即企业在进行海外研发时东道国与母国的地理距离问题(应瑛,2013;刘洋,2014)。

1.创新生态系统地理距离网络拓展

企业海外研发的过程可被视为创新生态系统跨越国家边界的超本地过程。与本地研发相比,研发东道国与母国间的地理距离有所增加。在以发达国家为对象的研究中,地理距离过大将会对东道国与母国间的交互频率和交互效果带来负面影响,但是随着交通和通信技术的发展,这一影响逐渐减弱,这一结论可从交易成本的经济学流派、知识观流派、能力观流派等多个角度进行论证(刘洋,2014)。那么,这一结论在东道国为新兴经济体的海外研发合作中是否依然适用,是否有所不同? 此外,在地理距离与地理多样性、地理距离与其他创新系统网络拓展的交互中,是否会有不一样的结论? 基于此,本书将地理距离纳入创新生态系统地理网络拓展双元维度。

2.创新生态系统地理多样性网络拓展

在研究"集聚/分散度"的地理多样性维度时,学者们倾向于研究影响多样性水平的因素,比如,Malecki(1985,1991)发现城市规模影响企业研发机构和高技术产业集聚度,Castells(2001)则指出高技术产业布局具有双向性特征,创新和决策倾向于集中,而生产和应用倾向于分散,祝影、杜德斌(2008)认为综合实力、研发环境和市场规模影响了集聚度;盛垒(2009)则认为区域比较优势、地方性制度和新经济地理因素影响外资在中国的研发集聚度;杜群阳(2011)得出区域创新环境因子、市场因子是跨国公司研发空间选择的影响因子的结论;应瑛(2013)将研发的地理分散度划分为两个维度讨论,一个维度考察企业开展研发活动的网点的数量多少,另一个维度考察研发网点之间的聚集或离散度,前者能够帮助企业获取各类异质性知识,后者可避免较高的成本及获取更大的范围经济和规模经济,同时避免知识泄露。

本书从合作国数量角度定义创新生态系统地理多样性网络拓展,当企业的海外研发合作伙伴集中在少数几个国家时,认为地理网络拓展较为集聚；当企业的海外研发合作伙伴分布在更多的国家时，则认为地理网络拓展较为分散。

根据地理网络拓展的多样性大小和地理距离的远近，创新生态系统地理网络拓展过程见图 3-5。企业进行海外研发活动时，可能会有四类地理边界的拓展方向，分别是："近距离—高集聚"地理网络拓展、"远距离—高集聚"地理网络拓展、"近距离—低集聚"地理网络拓展和"远距离—低集聚"地理网络拓展。

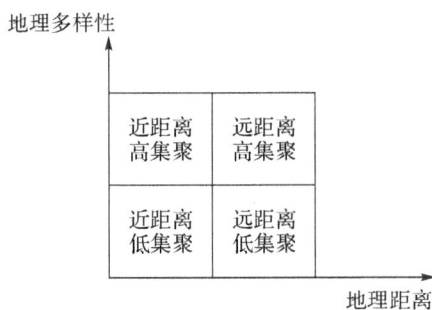

图 3-5　创新生态系统地理网络拓展过程

四、创新生态系统制度网络拓展

在研究新兴经济体国际化的战略问题中，制度理论是其中一个至关重要的视角。和发达国家完善的强制度相比，处于转型经济背景中的新兴经济体国家的制度明显缺失，因此并不足以支持市场机制下的自主交易，从而使交易成本和风险大大增加。

制度是制约人类交互行为的约束条件，在海外研发创新生态系统边界的拓展中，制度网络拓展起到调节作用。一方面，新兴经济体弱制度的现状因为放大信息的不对称性增加了研发合作风险，缺乏透明的财务和其他信息，减少了企业海外研发网络拓展的可能，同时使海外研发网络拓展活动更为复杂。制度越不完善，对网络拓展的抑制作用越强。另一方面，正式制度的缺失使企业在海外研发网络拓展时更加依赖非正式制度以应对随之而来的高风险(Ahlstrom & Bruton,2010；Mccarthy & Puffer,2008)。

在创新生态系统制度网络拓展中,同样包括了多样性和差异性两个维度。创新生态系统制度的多样性网络拓展指的是,企业在跨越国家边界进行企业海外研发时,将会面临各种不同制度及制度复杂性所带来的挑战。民主和集中将构成制度多样性维度的两端。在研究新兴经济体研发国际化时,企业海外研发过程中研究合作双方的制度多样性非常重要,但是更为重要的是东道国和母国间的制度差异。制度差异指的是东道国与母国间制度环境和制度水平的差距。在企业海外研发过程中,组织面临来自东道国和母国间政治、文化、认知等制度差异所带来的阻碍,影响其他网络拓展的发生,即东道和母间制度差异所带来的调节作用。

第四节　本章小结

本章主要从创新生态系统理论、组织双元论出发,提炼了企业国际化进程中创新生态系统网络拓展过程,该过程刻画了在开发利用和探索学习双元动机下,创新生态系统发生了知识边界、组织边界、地理边界和制度边界四个维度的拓展,每个维度的拓展中又将出现多样性网络拓展协同路径和异质性网络拓展协同路径,分别反映了企业海外研发过程中的"相似或相异"和"集中或分散"问题。其中,多样性网络拓展协同路径根据网络拓展维度分为知识多样性、组织多样性和地理多样性,异质性网络拓展协同路径根据网络拓展维度分为知识距离、组织距离、地理距离和制度距离。创新生态系统网络拓展的协同路径又将影响企业最终的创新绩效。子研究一中构建的创新生态系统网络拓展过程涵盖了"动机—路径—绩效"三个国际化阶段,刻画了"组织—知识—地理—制度"四个创新生态系统的拓展维度,展示了国际化多样性和伙伴异质性两条协同路径,全面展示了企业海外研发进程中创新生态系统网络拓展的过程。

第四章 研发国际化中创新生态系统网络拓展过程的协同机制

在第三章的分析中,创新生态系统网络拓展过程包括"组织—知识—地理—制度"四个拓展维度,且在每一个维度上进行国际化多样性和伙伴异质性网络拓展。研发国际化背景下的创新生态系统网络拓展虽然有利于企业在更广的范围内获取互补性创新资源,但是复杂而多样的创新生态系统网络拓展所带来的更新、更广的依赖关系也意味着一系列新的风险的出现。创新生态系统的建立意味着一个企业所期盼的市场会不会出现、何时出现,不仅取决于企业自身有没有发展创新、能不能满足客户需求、能不能成功排除竞争对手,更取决于合作伙伴及合作伙伴相互间的关系。"只有当合作伙伴准备好迎接你的到来时,赶在竞争对手之前进入市场才是有价值的。"(Adner,2006)创新生态系统边界的拓展,特别是跨越了国家边界之后,意味着合作伙伴间、与东道国间的关系变得更加复杂多变且难以预计,在此过程中是否能够通过有效的协同机制,整合资源、加强交互,保障企业海外研发的有序进行,则显得十分重要。

本章分析了创新生态系统的协同主体、各主体的协同关系,明确了创新生态系统的协同目标和影响创新生态系统的因素,并从目标范畴、行动范畴和绩效范畴构建了创新生态系统的战略协同机制、行动协同机制和利益协同机制。

第一节 创新生态系统的协同主体

一、协同主体的类型

上文已经将海外研发创新生态系统构成要素分为三大类（见表4-1）：第一类要素组织是创新生态系统内的主体性组织及其联盟，包括研发母国国内的高校、科研机构及其研究联合体，以及研发东道国的高校、科研机构及其研究联合体，主体性要素组织是创新生态系统的创新知识生产者，是系统内创新动力的核心力量。第二类要素组织是创新生态系统内的辅助性组织，包括研发母国国内的供应商、生产企业、经销商、用户、竞争对手等在内的商业运营群，以及研发东道国国内的供应商、生产企业、经销商、用户、竞争对手等在内的商业运营群，辅助性要素组织以目标市场为服务对象，连接了价值链上下游，是创新生态系统价值转化的关键环节。第三类要素组织是创新生态系统内的服务性组织，包括研发母国国内的政府管理部门、各类市场化的中介服务机构等组成的市场维护群，以及研发东道国国内的政府管理部门、各类市场化的中介服务机构等组成的市场维护群。政府管理部门是创新生态系统规则的制定者和维护者，可以有效弥补市场的缺陷（张蕴萍，2017）。中介服务机构促进生态圈的形成，是生态网络的连接点，具有黏合剂的作用。市场环境的剧烈变化和产品生命周期的不断缩短，使企业不得不依赖创新产品供应链上下游企业的参与来进行价值共享，实现不同类型组织之间的优势互补和技术集成。

表 4-1　创新生态系统协同主体分类

协同主体类型	地理位置	组织类型	协同主体层级
知识生产者：主体性组织及其联盟	母国	核心企业	协同企业
		高校	协同单元/协同平台
		科研机构	协同单元/协同平台
	东道国	核心企业海外子公司	协同企业
		高校	协同单元/协同平台
		科研机构	协同单元/协同平台
商业运营者：辅助性组织	母国	供应方企业	协同单元/协同平台
		需求方企业或用户	协同单元/协同平台
		核心竞争企业	协同单元/协同平台
	东道国	供应方企业	协同单元/协同平台
		需求方企业或用户	协同单元/协同平台
		核心竞争企业	协同单元/协同平台
市场维护者：服务性组织	母国	政府	协同单元/协同平台
		中介服务机构	协同单元/协同平台
	东道国	政府	协同单元/协同平台
		中介服务机构	协同单元/协同平台

二、协同主体的层次

不同的协同主体在发生交互的过程中，又会形成不同的协同层次，根据发生交互的主体的多样性、异质性和复杂性，从低层次到高层次包括：协同企业、协同单元、协同平台（见图 4-1）。

1. 协同企业

创新生态系统主体企业与其海外子公司之间存在竞合关系，是否能够协调好两者之间的关系，影响着海外母子公司之间的协同。协同企业是创新生态系统协同的最小单位。

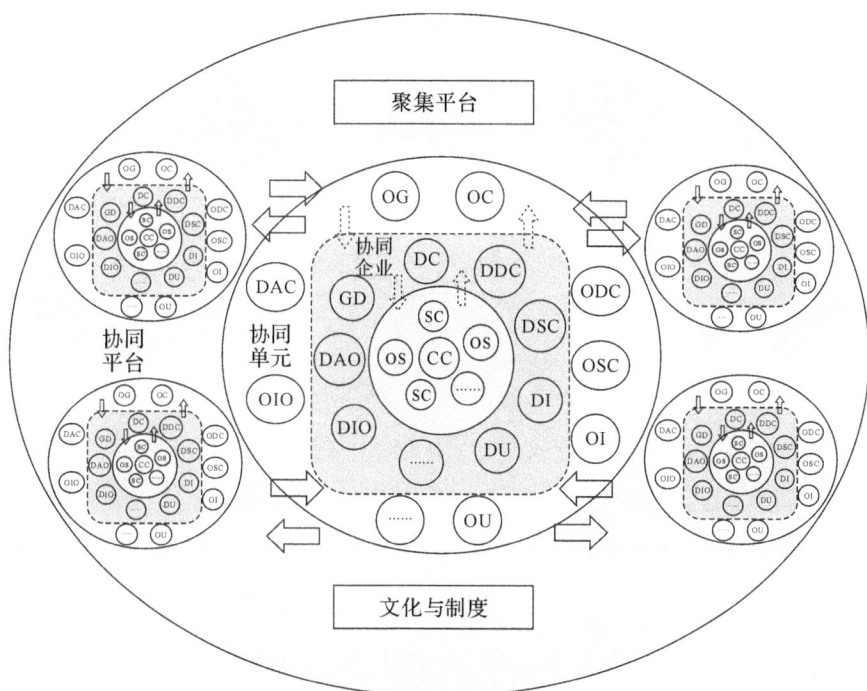

核心企业（CC）　　　子公司（SC）　　　海外子公司（OS）　　国内顾客（DC）
国内政府（DG）　　　国内需求方企业（DDC）　国内高校（DU）　　　国内供应方企业（DSC）
国内研发机构（DI）　国内中介机构（DIO）　国内无政府组织（DAO）海外顾客（OC）
海外政府（OG）　　　海外需求方企业（ODC）　海外高校（OU）　　　海外供应方企业（OSC）
海外研发机构（OI）　海外中介机构（OIO）　　海外无政府组织（OAO）

图 4-1　创新生态系统的协同主体与协同层级

2. 协同单元

创新生态系统内部的各种创新主体，包括企业、科研机构、大学、政府、中介等实体单元共同组成了创新生态系统的协同单元。协同单元拥有创新所需的各种技术、信息与资源。协同单元能够在国际化中通过生态位的重构，演化出组织间和国家间分工合作、竞合发展的协同路径，关系着创新生态系统的和谐与稳定。

3. 协同平台

协同平台是多个协同单元的集合。协同平台包括协同单元聚集中出现的平台，比如创新孵化器、海内外创业园、创业社区等，还包括在协同单元聚集中出现的创新文化与制度等,无形的文化和制度内嵌于孵化器中,构成了协同平台。在创新生态系统中,协同单元与协同平台之间存在双向激励。

第二节　创新生态系统各主体间的协同关系

创新生态系统时刻处于竞合关系中。所谓的"竞合"是指有在一个市场中主体之间不是只有竞争或合作,两者可以共存且交替出现,当主体各方基于共同的目的创建市场时,表现为合作;基于利益分配时,表现为竞争,企业的合作与竞争影响了创新生态系统的演化,从而影响企业的价值创造与获取。从这个角度看,市场就是各种利益主体集合的系统(张贵、温科,2018)。因此,创新生态系统也就是创新环境中拥有各自利益的各个创新主体的集合系统,对这一系统而言,主体间的合作与竞争关系交替出现,对某一个时间段的创新生态系统而言,一定是合作和竞争关系中的某一个关系处于较为显著的状态。因此,创新生态系统和谐且发展的协同关系,就是创新主体间同时存在合作与竞争,且合作倾向大于竞争倾向的状态。创新生态系统的协同关系可以从多个角度进行解释:

首先,从组织边界的角度进行分析。这里借用生物学"生态位"的概念,这个概念是 Grinnell 在 1917 年提出的。所谓的生态位,就是物种在生态系统中所占据的分布单位,强调了物种所占据的生态空间。自然生态系统内的生物之间、生物与环境之间存在紧密相连的场,创新生态系统与自然生态系统类似,内部的创新主体及其活动能够引起资源、势能的分布不均,从而产生综合创新效应。因此,创新生态系统中的主体的企业边界具有生态位的相关特性,企业网络拓展的过程就是占据其他企业生态空间的过程,一定程度上具有侵入性,而侵占则意味着竞争。当不同的创新主体的生态位边界出现重叠时,竞争倾向显著;而当生态位分离时,合作的可能性增加。

从资源基础观角度看,创新生态系统的发展过程就是创新资源集聚的过程,这一过程既有合作又有竞争。由于资源的稀缺性和互补性的存在,创新主体注定无法拥有足够的资源来支持创新资源向创新成果的转化,因此各主体之间需要通过合作关系获得创新资源的互补与匹配,而由于隐性知识资源自带的排他性、专有性和不可模仿性属性,因此创新主体在各自积累资源时必然存在竞争关系。

从价值共创的角度看,企业海外研发活动是客观上多方共同努力和资源的联合整合而共同创造价值的过程,企业不管是否出于主观愿望,事实上都将通过与生态系统各主体间的协作活动,实现为顾客和其他利益主体创造价值的目的。这里的"价值",Lavie(2007)将其定义为"不能由个体参与者独立产生的关系租"①。创新生态系统创造的价值不能通过小规模孤立产生,只能通过系统中各合作伙伴的特殊贡献来创造。因此,价值共创指的是在创新生态系统中的所有合作伙伴共享共同利益的集体过程,这也是一个具有合作倾向的过程。与此相反,"价值获取"是指合作伙伴单方面获取私人利益和获得关系租的能力(Lavie,2007),企业参与海外研发最终的目的是通过海外拓展提高本企业的绩效。主体企业通过价值共创实现获利回吐,追求自己的竞争优势并获得相关利润,价值获得是一个具有竞争倾向的过程。对创新生态系统而言,如果仅仅有价值共创,而无法实现价值获取,价值实现最终就无法兑现,创造出来的价值就不能被市场认可并接受,从而无法完成要素投入到要素产出的转化,因此组织需要共同创造和获取价值以保持竞争优势。

从制度角度看,由于各创新主体所拥有的创新资源存在递进性、结构性和黏滞性(张贵、温科,2018),当制度契约不清晰时,创新主体间容易产生"套牢"关系从而引发"敲竹杠"现象,主体间的竞争关系更为显著;而当

---

① 所谓"关系租",就是指产生于交换关系中的、单一个体无法完成而需要通过特定合作者共同努力才能创造的超常报酬。——作者注

制度契约关系明确时,"敲竹杠"所带来的交易成本急剧上升,创新主体在衡量成本与收益关系后,会倾向于合作。

本书所建立的创新生态系统协同关系见图 4-2。

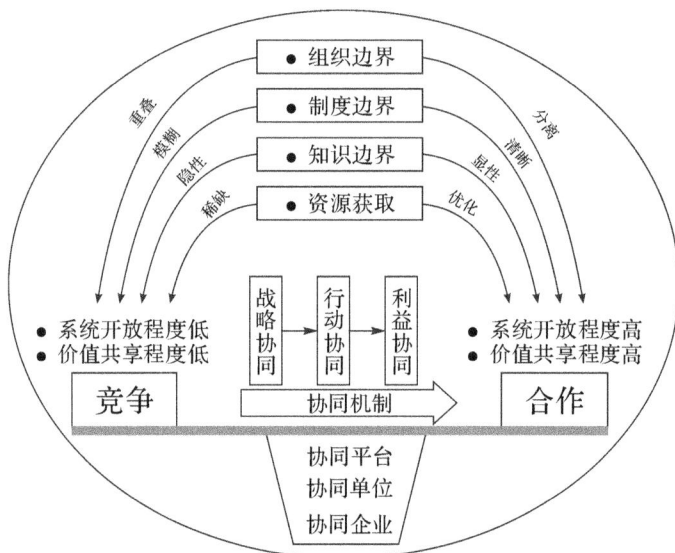

图 4-2　创新生态系统协同关系

第三节　创新生态系统的协同目标

创新生态系统协同的目标是保持系统良好的竞合关系,使创新生态系统处于既有竞争又有合作,且合作倾向大于竞争倾向的竞合关系中。系统在竞争和合作的交互关系中生存和发展,从而扩大创新生态系统的开放程度,提高创新生态系统的价值共享程度。

一、系统的开放程度

开放式创新生态系统是 West 和 Wood(2011)提出的,他们认为在开放式创新生态系统中,核心企业发挥主导地位,且能够综合和协调各类资

源,通过协同、共享的方式满足其他主体对资源的需求。但是张贵和温科
(2018)指出,West 等的说法的不足是他们仅仅看到了创新主体间的协同
共享关系,忽视了在创新生态系统中也有主体间协同关系的存在。也就
是说,创新生态系统协同的核心在于需要通过形成良好的协同关系共同
提升创新能力、吸收创新资源、生成创新产品、获取创新成果等功能的创
新生态系统。

虽然开放式创新已经成为社会经济活动的主要范式,但是由于竞合
关系的存在,根据竞争和合作倾向的不同,系统的开放程度会有所不同。
开放式创新根据知识信息流动方向的不同,可以分为内向型开放式创新
和外向型开放式创新,内向型开放式创新是指企业外部资源内部化产生
的创新,外向型开放式创新是指企业内部资源外部化进而实现的创新,前
者需要创新主体通过竞争行为获取外部资源,而后者需要创新主体通过
合作行为实现资源的创新与商业化。

开放式创新的影响因素有很多,包括内生影响因素(企业规模、企业
性质、自主研发能力、战略导向等)和外生影响因素。创新生态系统竞合
协同关系的存在,将会影响创新主体企业的外部环境。比如,在竞争更为
激烈的行业和市场,主体间会趋向于扩大开放程度,以获得更多的合作;
再比如,政府是否提供完善的创新政策、是否打造开放式创新平台、合作
者是否愿意加大创新资源投入,都将直接影响创新生态系统的开放度,因
此创新生态系统中其他创新主体的合作意愿越强,创新生态系统的开放
度就相对越高。

二、价值的共享程度

戴亦舒、叶丽莎、董小英(2018)用价值共创理论研究创新生态系统主
体交互协作创造价值的过程,创新系统内的所有参与者都是自己或他人
的价值创造者和资源整合者(Vargo & Lusch,2008),价值由生态系统内
的所有参与者共同创造(Vargo & Lusch,2016),因此,价值创造主体间

形成一种动态的、松散耦合的复杂网络互动关系(简兆权、令狐克睿、李雷,2016),是参与者通过资源整合和服务交换共同创造价值的组织逻辑。

将价值获取和价值共创间的单独出现视为合理,成对出现是互相矛盾而连接的关系植根于 Arrow(1962)提出的悖论(Laursen & Salter,2014)。价值共创和价值获取两者之间存在矛盾的张力:焦点组织需要促进价值共创,以实现价值获取,预期价值的实现将决定合作伙伴为价值共创做出贡献的努力和动机。而组织目标的冲突和资源的稀缺将会凸显两者的矛盾关系:价值获取基于组织本身的收益,跨组织甚至是组织内部的共享会导致冲突;从资源角度看,有限的资源需要企业平衡价值共创和价值获取,价值共享的目的是在组织间分配资源,但同时共享资源可能成为合作伙伴利益来源的风险(Lavie,2006)。

第四节　创新生态系统协同的影响因素

一、组织边界的影响

根据生物学中"生态位"的概念,系统通过组织网络拓展,将在生态系统中占据一定的分布单元,系统边界的生态位强调了组织所占据的生态空间。这里的系统边界包括了协同企业的边界、协同单元的边界和协同平台的边界。当各层级竞合主体间系统边界的生态位重合且重叠区较大时,即各层级竞合主体的系统边界侵占或威胁到其他主体系统边界时,创新生态系统趋于竞争的可能性增加;当各层级竞合主体间系统边界的生态位逐步分离且拥有共同目标时,创新生态系统趋于合作的可能性增加(见图4-3)。

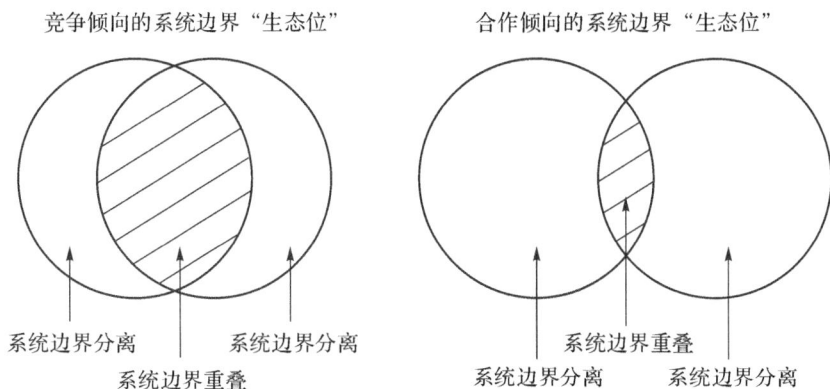

图 4-3　创新生态系统"生态位"边界的重叠与分离

资料来源:参考张贵和温科(2018)的研究。

二、制度边界的影响

制度边界直接影响着创新生态的协同关系。契约关系的边界清晰、产权关系的边界清晰,则各层级创新主体间的信任度就会增加,因此创新生态系统间的合作的可能性就相应增加。反之,各层级创新主体间的信任度下降,系统间的主体更有可能发生竞争。完善的产权制度通过有效保护创新主体的创新成果,从而给予创新主体一定的垄断权,使其获得相应的收益补偿,因此也更有利于合作的开展。

三、知识边界的影响

创新活动中不断地发生着创新知识的产生、流动、学习和重构。这些知识本身的属性就会影响创新生态系统,特别是在企业的海外研发活动中,知识是否能够顺利流动及其是否能够被存在文化差异的东道国理解,显得格外重要,比如,隐性知识具有排他性、专有性和不可模仿性,因此在隐性知识占主导的组织学习中,创新生态系统更容易出现竞争倾向的主体关系;而显性知识更容易被模仿,更容易理解和沟通,因此在显性知识主导的组织学习中,创新生态系统更容易出现合作价倾向的主体关系。

四、资源获取的影响

资源的获取影响创新生态系统的竞合关系。当资源处于稀缺状态时,系统趋向于竞争,反之则趋向于合作;同时,当创新主体企业有能力在全球范围内配置和优化资源时,创新生态系统合作的可能性将大大提升,反之则不然。

第五节　创新生态系统的协同机制

在企业的国际化进程中,创新生态系统实现了"知识—组织—地理—制度"维度的异质性网络拓展和多样性网络拓展。系统边界的跨国界拓展将会带来创新生态系统的竞合非协同状态,具体表现在各创新主体在协同企业、协同单元和协同平台层面的目标不一致、行动不统一及利益分配的不均衡。为了使系统的非协同竞合关系转向协同的竞合关系,创新生态系统需要制定结构范畴、行动范畴和绩效范畴的协同机制(孙国强,2003),也就是通过战略协同机制、行动协同机制和利益协同机制实现创新生态系统的协同。创新生态系统的协同逻辑结构见图 4-4。

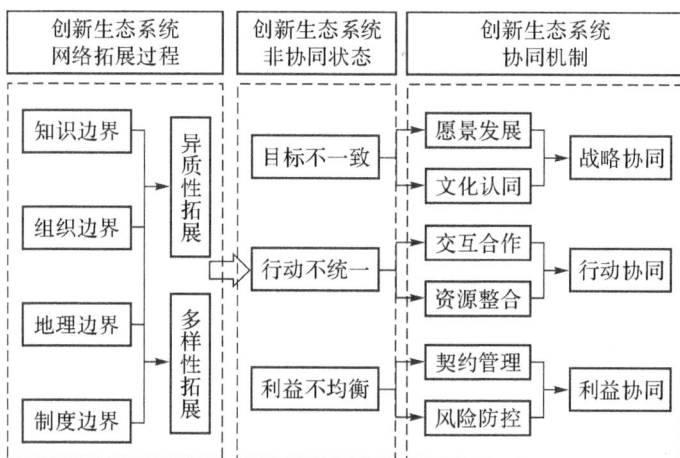

图 4-4　创新生态系统协同逻辑与协同机制关系模型

一、目标范畴：战略协同机制

战略协同机制是指通过各层级主体间的相互协调、配合形成系统的有序结构，提升企业对环境变化的适应能力。战略协同强调对企业系统进行整体性把握，对系统整体的把握即强调了战略协同对创新生态系统的整体性意义，而不是系统的局部或部分；又强调创新生态系统内、外部环境对系统战略协同的影响。张浩、崔丽（2011）提出战略协同机制，包括内部协同机制和外部协同机制，其中内部协同指的是系统中的结构维、能力维、文化维在战略层面相互协调、配合的机制。战略协同包括愿景发展机制与文化认同机制（李金珊、袁波，2016），是一种根本性的协同机制。

1. 愿景发展机制

创新生态系统协同主体的复杂多样性，在很多方面难以达成共识。创新生态系统主体的合作动机、组织特征、资源禀赋、角色特征、风险偏好、组织期望、能力和定位的不同，造成合作主体间的目标并不协同。此外，共同目标的缺失，也将带来职责分工的不明确，各创新主体对各自的职责范围也很难有清晰的划分。因此，面对不同类型和层级的创新主体各具特色的发展目标，核心企业需要准确定位自身在协同创新链条中的角色。除了明确自身的目标和资源优势，也需要通过创新生态系统的愿景发展机制（李金珊、袁波，2016），保证各创新主体在庞大且复杂的系统中有统一而又明确的愿景目标。战略愿景的形成过程就是组织内外部因素相互匹配的过程，通过愿景发展机制，确定各层级创新主体间的协同创新优势，寻求资源互补、利益趋同的组织，共同建立创新生态系统的创新战略愿景，达成共同发展的共识。通过愿景发展鼓励协同企业、协同单元和协同平台层级下的各个创新利益相关主体向着共同目标努力，同时明确各创新主体的职责分工。

2.文化认同机制

Geisler(1995)认为不同组织在创新资源定位与创新能力发展上存在差异,并由这些差异形成了不同甚至潜在对立的组织文化和行为准则。创新主体在文化和价值观上的认同感越强,合作双方达成合作、实现互赢的可能性就越大,合作关系也就越持久。创新生态系统国际化进程中面临的价值和文化的认同障碍是巨大的,这种障碍来自母子公司间的差异、组织类型间的差异和国别地域间的差异。由于社会文化等组织差异的存在,创新主体间的日常沟通不顺,契合度不高。通过创新生态系统的文化认同协同机制,在各层级创新主体认同企业愿景的基础上,通过战略协同的文化维度,强化对目标的认同感,并为愿景向行动的转化打下认知与沟通的基础。

二、行动范畴：行动协同机制

从价值共创的角度看,创新生态系统的协同过程就是通过资源整合和制度连接服务系统内部与服务系统之间的知识和技术,以资源整合为核心,在服务生态系统内通过技术、制度相互作用共同创造价值的过程,过程中包含了整合、交互和共享三个关键阶段(Vargo & Akaka,2008;Gummesson & Mele,2010;简兆权、令狐克睿、李雷,2016)。基于此,本书将创新生态系统的协同机制进一步分为合作交互机制和资源整合机制。

1.合作交互机制

合作互动是价值共创过程的关键因素,是共同创造的动力,是整个创新生态系统的"经验和价值的创造者"(Ballantyne & Varey,2006)。东道国和母国及创新生态系统中的各个主体组织通过对话接口的识别和建立,实现知识及其他操作性资源的交流和转移,促进和维持组织在系统中的协同,最终实现系统价值创造与共享。这里的合作交互不仅指服务交互,也不仅提供简单的接口和联系,而是包括创新所需的知识,以及其他可操作性资源的交互（Vargo & Lusch,2008）。"互动"不仅是为了交换信息,而且是为了提供他们的知识和其他操作资源,并创建新的知识或新的操作资源。合作交互行为使创新主体组织能够进入其他主体组织的价值塑造和价值创建过程。"合作交互"协同过程要想进展顺利,首先需要参与这一过程的创新主体组织及时感知和发现"合作交互"发生的必要性和可能性,洞察双方可以一起做什么,并为对方做什么;其次是在"合作交互"过程中具备能够让交互顺利进行的对话渠道,比如,东道国与母国间合作平台的构建、技术标准的对接及企业间的机会的识别、对话和学习机制等;对话渠道具备的前提下,则是合作交互的创新提供主体能够利用好该对话平台,传递创新所必需的知识及其他可操作性资源;最后则是交互的创新接受主体具备一定的学习吸收能力,最终完成协同的"合作交互"过程,并通过持续学习产生新的知识。

　　2.资源整合机制

　　资源整合是为实现创新生态系统价值共享的又一行动协同机制,该机制作用于合作交互之后,合作交互是资源整合过程的前提,资源整合能力直接受互动水平的影响,反过来资源整合又塑造了经验和价值（Gummesson & Mele,2010）。东道国和母国及创新生态系统中的各个主体组织在交流和转移资源之后,采用不同的形式（互补、冗余、混合等）,对不同来源、不同层次、不同结构、不同内容的资源进行选择、吸取、配置、激活和有机融合,将系统主体的资源整合到其他主体,对原有的资源体系进行重构,最终实现系统的价值共享。

　　资源整合机制的关键在于"匹配",就是资源、活动和流程之间匹配或协调（Mele, 2009；Groenroos & Helle, 2010）,三者间的匹配越精准,潜在价值就越大（Andreu et al. , 2010）。那么,匹配是否精准,首先需要系统主体评估当前可用和潜在的资源,了解主体间已经拥有什么资源、可以拥有什么资源及可以用这些资源做什么（Mele,2010）。其次,系统主体需要判定获取的有效资源:有时候主体间拥有不同的资源和流程,即互补性资源,此时,这些相互补充的资源需要以适当的方式结合起来,以补充缺少的内容,从而形成一个整体;有时候主体间拥有类似的资源和流程,即同质性资源,此时,这些冗余资源需要通过整合,通过持续的交互活动,将多个隐含的视角组合在一起,形成共享的理解(Nonaka & Konno,1998),主体将通过共享冗余资源来促进隐性知识的转移,并形成知识和其他可操作性资源合作和整合的共同认知基础;当然更多的时候,主体同时拥有相似或不同的资源,即混合资源,这需要主体整合互补或冗余资源。比如,母国交通互联、东道国产业技术设施配套、企业个体资源的识别和配用等。

三、绩效范畴:利益协同机制

利益分配是创新生态系统有效运行的核心问题。创新生态系统中东道国和母国的各个成员本身就是追求自身利益最大化的独立经济实体。创新生态系统协同主体间存在共有和私人两种利益,前者由系统协同中的创新活动产生,以私人投入和系统内的创新资源为来源,是价值共享的结果;后者是指创新主体将共有资源应用到私人项目中所产生的利益,是价值独占的结果。

创新生态系统的协同的目标就是建成一个更为开放、价值共享程度更高的协同关系,因此需要有相关利益协同机制保障创新生态系统的协同。如果说战略协同机制是创新生态系统的根本性协同机制,那么利益协同机制则是创新生态系统的保障机制。保障机制作为协同过程的支撑,是管理机制的有机组成,保障机制包括国家间的制度协同和系统主体间的机制协同,其中后者包括合作信任机制、利益分配机制、冲突解决机制和风险防范机制。

1.合作信任机制

Griffith 等(2005)提出,组织间信任和社会准则是企业创新生态系统的治理机制。跨边界创新生态系统的创新主体所面对的竞争主体是未跨越边界时的创新生态系统所不具有的,成员之间的复杂联系构成了跨边界创新生态系统庞大的运行结构。创新生态系统间的合作不仅包括了合作关系的建立,更是包括了合作关系的保持,合作关系的保持离不开创新生态系统成员间的信任。信任能够促进系统内成员间的合作交流,使成员具有建立利益一体化、风险共担的合作关系的信心(Narasimhan,Swink & Viswanathan,2010)。信任机制对其他机制的运行起到维护作用,是其他运行机制的基础。根据关系治理理论的研究,将企业与东道国创新生态系统内各主体的信任程度分为关系型信任和契约型信任。关系型信任以一定的经济合作为基础,在合作中经过反复磨合加强了解,进而在合作态度、行为认可方面产生了较深层次的信任,关系型信任有利于合作双方生成更加紧密的合作关系。契约型信任是建立在契约基础上的信任手段,主要通过创新生态系统主体成员间签订的正式协议(即合同)来完成;后者通过创新生态系统主体成员间的非正式契约实现(Rogers et al.,2010),契约的确立能够保证研发获得充足的资源,对形成持久的伙伴关系具有更为重要的作用。随着企业海外研发活动的开展,企业的契约机制发生对象从母国创新生态系统的各相关利益者拓展到东道国的创新生态系统的利益相关者,创新生态系统的利益分配机制得到延伸与拓展。

2.风险防范机制

多元跨界创新生态系统的环境,以及系统成员国别、文化、制度等要素的多样性及其成员间的高度关联度,决定了其必将面临更加多样和巨大的风险,比如,核心技术泄露、技术收益独享、商业垄断、"敲竹杠"行为、"搭便车"行为、隐瞒和虚假发布信息等(张运生、邹思明,2010),这些机会主义行为的存在造成了系统的不稳定性。除了风险复杂多样和巨大,当创新生态系统跨越国家边界进行海外研发时,企业风险识别的困难度大大提高,因此创新生态系统中,特别是研发东道国是否具有良好的产权保护机制,以及风险管理信息化机制等的风险防范机制,对企业是否能够顺利进行海外研发有非常重要的作用。表 4-2 是对创新生态系统协同机制的总结。

表 4-2　创新生态系统的国家协同机制和组织协同机制

	东道国与母国间的协同	系统主体间的协同
愿景发展机制	人类命运共同体、国家间战略合作的签署、战略协定的签订	确立组织目标、明确分工职责
文化认同机制	社会文化、国家风俗的传播及认同	组织价值观、文化、理念的认同
合作交互机制	国家间合作平台的构建、技术标准对接	机会识别、平台对话、组织学习
资源整合机制	母国交通互联、东道国产业技术设施配套	资源识别、资源配置
合作信任机制	战略协定的履行、产权制度的完善	契约签订和履行、声誉的保护、联合制裁
风险防范机制	对外投资和海外研发的国别风险指南	预警机制、退出机制

创新生态系统的协同机制具有多样性的特征，多样性来源于技术水平和经济发展、文化沉淀等，既包括国家与国家之间的协同、平台与平台之间的协同，又包括单元与单元的协同，单一主体与主体间的协同，既涉及宏观层面的社会经济制度，又包含微观层面的规范准则。

同时，创新生态系统的协同机制又体现了互补性，这些机制虽然复杂，但是并不杂乱。互补性体现在其中某一项机制的存在及其效应，直接或间接地内嵌于另一种机制中，或者被另一种机制所强化。这种互补性意味着创新生态系统协同机制的整体性和内在一致性。

创新生态系统的协同机制还体现了递进性。从战略协同机制、行为协同机制到利益协同机制，遵循了"目标—行为—绩效"的协同逻辑，逐步形成，层层递进，符合企业组织理论的逻辑。

最后，创新生态系统的协同机制体现了动态性，作为一个不断演进的系统,协同机制也是在不断变化的,这种变化首先会随着企业海外研发过程中各层级、各类型的创新主体间的协同关系的变化而变化;其次在创新生态系统的不同演化阶段,协同机制也是在动态变化的,在创新生态系统发展初期,战略协同机制发挥着重要的作用,它从根本上统一了目标和思想,使系统有序地向一个方向发展,在创新生态系统的成熟稳定期,利益协同机制可能成为协同机制的核心,信任、契约、声誉乃至风险机制逐渐发挥作用;最后创新生态系统的协同机制也促进了系统本身的演进,在系统演进的某个阶段,某些机制可能会妨碍系统的发展,在短期内出现协同机制失灵的现象,但是随着机制本身的发展,也将进一步自适应系统现状。

第六节　本章小结

本章主要运用协同理论、合作竞争理论,从创新生态系统国际化进程中企业的动态竞合能力出发,论证了创新生态系统的协同关系应该是一个竞争与合作关系交替出现,且合作倾向大于竞争倾向的状态。首先,创新生态系统的协同的目的就是在组织边界、知识网络拓展、制度网络拓展和资源获取过程中由"非协同"状态向"协同"状态转变,以获得开放程度更高、共享程度更强的创新生态系统协同。其次,本章还分析了创新生态系统的协同主体,进行了类型和层次上的区分,从类型上可分为作为知识生产者的主体性组织、商业运营者的复制性组织和市场维护者的服务性组织,在层级上分为协同企业、协同单元和协同平台。最后,本书在"目标—行为—绩效"的协同逻辑下,将创新生态系统的协同机制分为战略协同机制、行为协同机制和利益协同机制,其中,战略协同机制又分为愿景发展机制和文化认同机制,行为协同机制又分为合作交互机制和资源整合机制,利益协同机制又包括信任建立机制和风险防控机制。创新生态系统协同机制具有多样性、互补性、递进性和动态性的特征。

第五章 双元动机下创新生态系统网络拓展的空间路径

第一节 问题的提出

本书在第一章提出的"动机—过程—绩效"创新生态系统网络拓展理论框架的基础上,围绕"动机—过程"部分进行讨论,研究不同动机下的海外研发对海外研发网络拓展空间路径的影响。

通过第二章的文献梳理及第三章双元结构下创新生态系统网络拓展过程的构建,可知企业海外研发具有探索学习和开发利用的双元动机,企业在双元动机驱动下进行研发活动,且在国际化进程中实现创新生态系统知识维度、组织维度、地理维度和制度维度的网络拓展,同时每个维度都包括了"集中或分散""相似或相异"两个核心问题,即国际多样性和合作伙伴异质性维度。那么,企业的双元动机如何影响四个维度的创新生态系统网络拓展?不同动机下的企业是否拥有差异化的空间协同路径?不同动机下企业又是如何进行国际多样性和伙伴异质性的空间路径的选择呢?

在上述问题的引导下,本章进一步探索双元动机下创新生态系统网络拓展的空间路径,并初步提出该问题的理论预设模型(见图5-1),认为探索学习动机和开发利用动机下的企业在创新生态系统四维度网络拓展时具有不同的多样性空间路径和异质性空间路径。

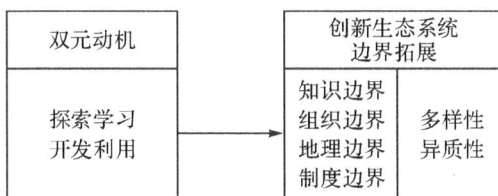

图 5-1　双元动机下创新生态系统网络拓展协同路径的理论预设模型

第二节　研究设计

一、研究概述

针对不同的海外研发动机是如何影响创新生态系统网络拓展协同过程这一研究目的，考虑到本章将探索"如何"这一过程，因此案例研究是非常适合的研究方法。

案例研究是社会科学中普遍使用的一种经验研究方法，与实证研究不同，案例研究方法以其独特的设计逻辑、数据收集和分析方法自成体系，是构建新理论时的常用方法。案例研究不仅能回答"是什么"的问题，还能回答"为什么"的问题，有助于更为准确地把握相关研究对象的作用机理。案例研究方法帮助研究者置身于现实情境中，此时研究情境和管理现象之间的界限变得模糊，由此研究者能够对案例对象进行全面系统的描述和理解，对其动态发展脉络进行深入细致的刻画，获得较为全面和整体的观点。

本章研究的问题"创新生态系统网络拓展的协同路径"及其子问题"创新生态系统多样性网络拓展过程如何受到双元动机的影响"和"创新生态系统的异质性网络拓展过程如何受到双元动机的影响"，本质上也是为形成理论而开展的探索性研究,属于规范性案例研究。

案例研究可分为单案例研究和跨案例研究。其中,单案例研究多用于极端案例情形或有唯一或独特的数据来源,其优势在于可对单一案例情境进行深度的挖掘和详尽的说明;而跨案例研究则通过案例内分析和跨案例比较分析,寻求多方证据支持,相互验证,进而构建严谨的理论和命题。因而,多案例研究结论更为严谨、更有说服力、更具普适性和可验证性,从而有助于提高研究结论的信度和效度。因此,本章采取跨案例研究方法,通过分析案例,形成研究假设和相应的理论框架。

二、案例选择

案例选择时,需要考虑案例研究方法、案例数量与案例选择标准等问题。单案例将这一案例作为独立整体进行分析,主要用于验证现有的理论假设,也用于分析某个独特的情境,而跨案例研究方法获取多个案例的信息,并以重复多次的案例验证来支持研究结论,能够从各个角度更为全面地反映研究内容,具有更高的精确度、真实度和稳定度。因此,本章选择跨案例研究方法。

本章从多个维度精选案例,选择的案例或者进行逐项复制,或者进行差异复制,结合构建理论的基本要求及案例可获性,选择了四家研发国际化企业作为研究对象,在案例的选择上尽量区分案例特点,四个案例所处的行业、国际研发路径等都有所区别。

三、数据资料收集

常用的案例研究数据收集途径包括文件、档案记录、访谈、直接观察、参与观察等,需要在研究中根据实际需求选择不同的来源。本章首先通过文件、档案、企业官网、新闻媒体、政府网站等渠道收集相关数据,为访谈和案例分析做好前期准备;其次,在已有资料分析的基础上,根据不同对象制定访谈提纲,并进行实地访谈和访谈记录,再次对资料进行汇总梳理,请专家在资料阅读的基础上进行评分;最后进行所有资料信息的修正、补充和完善。

四、数据分析方法

本章的跨案例分两个步骤进行,分别是案例内分析与案例间分析。案例内分析将单独对每个案例进行分析,案例间分析对上述案例进行统一整理与归纳,得出概念模型与基本理论假设。此外,本章在数据分析的过程中,首先建立试探性理论模型,其次用多源案例进行交叉验证,在提高案例可信度的同时验证试探性模型,最后对模型进行调整,最终形成基本创新生态系统网络拓展空间路径的理论框架。

第三节　案例内分析

本节将对前期收集的四个案例企业的资料进行初步分析,分别对每个案例中的研发国际化双元动机、创新生态系统网络拓展的多样性和异质性双元结构进行描述与分析。

一、案例企业简介

1.晶科能源控股有限公司

晶科能源控股有限公司(以下简称晶科)是一家成立于 2006 年的全球性光伏企业,在上海浦东拥有自己的全球营销中心。公司于 2009 年开始运行的生产线是中国第一条 NPC 技术全自动组件生产线。2010 年,公司在纽交所上市,是从投产到上市时间最短的光伏企业。2015 年,公司建立马来西亚基地并投产,2016 年成为全球最大组件制造商,位列《财富》全球 100 家成长最快公司排行榜第 16 名;2019 年,晶科全年净利润9695 亿元,并连续四年全球组件出货量第一,截至 2019 年 12 月 31 日,单晶硅片产能达到约 11.5 吉瓦[①]、电池片产能达到约 10.6 吉瓦,组件产能达到约 16 吉瓦,为中国、美国、日本、德国、英国、智利、南非、印度等 100 多个国家及地区的地面电站提供商用和民用的太阳能产品,并提供相应的解决方案和技术服务,全球市场占有率达 12.6%。

2. 浙江吉利控股集团

浙江吉利控股集团(以下简称吉利)成立于 1986 年,1997 年开始进入汽车行业,是中国第一家民营汽车制造企业。吉利通过海外并购实现研发、设计、采购、制造、营销等整个价值链的全球化。从当初的"门外汉"到如今拥有全球布局的研发设计体系,吉利只用了不到 20 年的时间就发展成为世界 500 强公司之一(2020 年以 478 亿美元营收位列世界第 243 位)。

吉利历来重视技术研发能力的提升,强调"两条腿走路",一方面不断加强自主研发能力的提升,另一方面通过兼并购外国企业直接引入先进技术,共建全球研发体系,缩小与世界先进水平的差距。近 10 年全集团研发投入累计近 1000 亿元,拥有五大工程研发中心和五大造型设计中心,吉利共有研发设计人员 12 万余人,其中包括超 2 万名研发和设计人员,其中 2500 余人为新能源领域的研发专家。公司总资产超过 3300 亿元,吉利控股形成全球化研发体系布局。截至 2020 年 6 月,吉利拥有境内授权专利 9241 件(境内已授权发明专利 2097 件),境外授权专利 91件。此外,吉利还将"知识产权许可"单独划分出来作为独立的业务板块,2019 年上半年,"知识产权许可"收入 4.28 亿元,2020 年上半年达 4.24 亿元,可见吉利对创新的重视程度。

3. 阿里巴巴集团

阿里巴巴集团(以下简称阿里巴巴)创立于 1999 年,是电子商务及移动商务的全球领导者,目前拥有领先业界的批发平台和零售平台、云计

---

① 吉瓦,功率单位,1 吉瓦＝10 亿瓦＝100 万千瓦。

算、数字媒体和娱乐及创新项目,另外阿里巴巴也从关联公司的业务和服务中获得商业生态系统的支持,关联业务包括:阿里巴巴国际交易市场、淘宝网、天猫、聚划算、蚂蚁金服、菜鸟网络、全球速卖通、阿里云等,形成了涵盖消费者、商家、品牌、零售商、第三方服务提供商、战略合作伙伴及其他企业的数字经济体。2020 财年交易总额(gross merchandise volume,GVM)突破 1 万亿美元大关,其用户中 7.8 亿名消费者来自中国,1.8 亿名消费者来自海外,总收入达到 5097 亿美元,核心商业收入同比增长 35%,云计算收入同比增长 62%。

阿里巴巴注重研发积累。2017 年成立的阿里巴巴达摩院致力于探索科技未知,以人类愿景为驱动力,开展基础科学和创新性技术研究。主要研究自然语言处理、人机自然交互、量子计算、机器学习、基础算法、芯片技术、传感器技术、嵌入式系统等前沿科学领域,潜心扎根基础科学研究。2018 年,由阿里巴巴倡议、社会科学领域全球顶尖学者共同发起的开放型研究机构罗汉堂成立,主要研究数字技术对经济和社会的影响。

4. 卧龙控股集团有限公司

卧龙控股集团有限公司(以下简称卧龙)创建于 1984 年,总资产 300 亿元,年销售额 347 亿元,拥有卧龙电驱、卧龙地产、Brook Crompton 三家上市公司、57 家控股子公司、18000 余名员工。卧龙以"全球电机 No.1"为奋斗目标,产业布局以制造业为主业、房地产和金融投资业为两翼,其中制造业有电机与控制、输变电、电源电池三大产品链,共 40 个系列 3000 多个品类,主导产品引领国际国内主流市场,拥有国家重点工程项目多项(国家级火炬项目及科技攻关项目 23 项,国家重点科技开发成果 77 项,开发国家级重点新产品 16 项),拥有国家专利 1029 项,是全球电机行业的领导企业,连续多年进入中国 500 强企业、中国民营 500 强企业、中国电机制造排头兵企业榜单。

卧龙的发展离不开其全球化战略,本着"欧洲技术、亚洲制造、北美市场"的全球经营基本格局,现已拥有全球 39 个制造工厂和 4 个技术中心,在上海设立全球研究院,形成了遍及全球 50 多个国家的研发、制造和业务网络,并与众多世界 500 强企业建立了长期战略合作关系。目前,卧龙旗下已拥有 Wolong、Atb、Brook crompton、Cne、Laurence Scott、Morley、Oli、Schorch、Sir 等境内外知名品牌。

四家案例企业简介见表 5-1。

表 5-1　案例企业简介

企业名称	晶科	吉利	阿里巴巴	卧龙
成立年份	2006 年	1997 年	1999 年	1984 年
所处行业	光伏	汽车制造	电商	电机
国际化时间	2010 年开始尝试,2015 年马来西亚基地投产	2002 年开始尝试,2013 年收购沃尔沃	2010 年开始尝试,2014 年定为基本战略	2011 年开始布局,2012 年收购奥地利 ATB
国际化路径	全球研发中心、海外子公司、全球服务中心	企业并购、全球研发中心	全球数据中心、世界级物流枢纽、全球开放性研究机构	全球制造工厂、企业并购

二、海外研发动机

新兴经济体国家研发国际化的动机是复杂的。企业海外研发的动机具备"探索—利用"的双元性结构,即东道国资源搜索和母国优势利用双元结构。以获取东道国知识、技术、人才、资源等互补性资源的供给因素为主要目标的海外研发动机是探索学习型研发,又称知识增值型(HBA);以解决生产地、客户和消费市场的拓展问题为目标,在国内市场趋于饱和、产能出现过剩的环境下出于拓展市场的动力进行海外研发,将已有产品、知识和技术应用到更加广阔的市场的海外研发动机是开发利用型研发动机,又称知识利用型(HBE)。

晶科在国际化战略中积极开展各类海外研发活动,为了获得光伏的海外市场,与全球消费者建立紧密联系,并加强与当地供应商等伙伴的合作关系。因此,其创新生态系统网络拓展的动机属于以开发利用型为重心的海外研发动机。

晶科的国际研发动机[1]

晶科首席执行官陈康平:"利用与瓦伦西亚合作的广阔平台,晶科的品牌知名度必将进一步提升,并与全球消费者建立最紧密的联系。我们期望将经济、可靠的绿色能源带进越来越多普通消费者的生活,将晶科的高效太阳能解决方案带给全世界。"

晶科董事长李仙德:"新加坡拥有优越的投资环境,坚实的人才储备以及先进完善的物流设施,对于促进公司低成本高效运营非常有利。新加坡亚太区总部的成立,让我们更好地满足现有客户需求,并且有效拓展客户群,从而寻求亚太区业务的全新突破。""通过在法国中部地区蒙彼利埃建立子公司,晶科将更加全面地覆盖法国南北太阳能市场,更准确地预测当地太阳能市场的走势,并为我们的合作伙伴提供更优质的服务。"

吉利收购沃尔沃的经典案例说明吉利国际化的目的是寻求发达国家汽车制造业的知识技术及人才等其他战略性资产,把先进技术引进国内,缩小与世界先进水平的差距,共建全球研发体系,并以此实现吉利自身的技术升级。因此,吉利拓展创新生态系统边界的动机属于探索学习型动机。

吉利的国际研发动机

吉利副总裁、首席技术官冯擎峰:"很高兴将吉利汽车集团的全球

---

[1]　资料来源:晶科官网,https://www.jinkosolar.com。

工程研发体系拓展至德国。吉利德国研发中心将充分利用德国汽车工业先进技术与研发能力,致力于在新能源、自动驾驶与车联网等领域开创新的技术平台,加强推动吉利品牌的整体创新力。"

阿里巴巴一方面围绕其核心关联业务,通过建立全球数据中心、全球物流枢纽等模式进行多样性投资,其目的是拓展其跨境电商平台等业务,具有明显的开发利用型的国际化动机;同时,阿里巴巴又依托阿里学院、达摩院、罗汉堂等机构及其全球工作地的设立,进行基础科学和创新性技术研究,又具有"探索学习型"的海外研发动机。因此,阿里巴巴创新生态系统网络拓展动机同时具有开发利用型和探索学习型动机。

卧龙通过企业并购获得欧洲先进电机技术,且将意大利机器人技术用于国内生产线,体现了其探索学习型动机;同时,从其"欧洲技术、亚洲制造、北美市场"的全球经营格局中可以看出,卧龙提升电机技术水平、改进生产线的最终目的还是开拓北美市场,2016 年收购全球最大的振动电机制造商 OLI 公司 80% 股份,就体现了其提升海外市场拓展能力的目标,因此卧龙的国际研发又具备了开发利用型动机,且为其最终目标。

卧龙的国际研发动机

卧龙董事长陈建成:"海外并购是加快经济转型的重要手段,并购成熟海外公司,不仅是获得先进技术的有效途径,更是抢占市场的捷径。"

对四家案例企业海外研发动机的判断与分析见表 5-2。

表 5-2　案例企业的海外研发动机

企业名称	"探索—利用"——基于"创新能力"的双元结构	
	探索学习型动机	开发利用型动机
晶科		√
吉利	√	
阿里巴巴	√	√
卧龙	√	√

三、国际多样性

上文通过论述将创新生态系统视角下企业海外研发网络拓展的国际多样性的维度进一步整合为以下三类：知识多样性、组织多样性和地理多样性。

知识多样性体现的是知识或技术的集聚和分散程度，创新生态系统网络拓展中科学知识、应用技术和产品服务商业化知识间的互相转化程度高则代表知识多样性程度高。组织多样性体现为研发伙伴来自多种组织类型的程度，创新生态系统网络拓展过程中企业与主体性组织、辅助性组织或服务性组织中的多种类型组织合作则代表组织多样性程度高。地理多样性代表了焦点企业的研发合作伙伴分散在多个国家的程度，企业创新生态系统网络拓展时涉及的东道国数量多则代表地理多样性程度高。四家案例企业的国际多样性分析见表 5-3。

表 5-3　案例企业国际多样性分析

企业名称	"集中—分散"——基于"国际多样性"的双元结构		
	知识多样性	组织多样性	地理多样性
晶科	**较大，且向供应链下游的商业性知识拓展** 实现从技术到科学的跨功能知识多样性拓展，致力于研究光伏太阳能技术，同时也向上游硅片和电池片领域开拓，积累了丰富的专业知识，掌控光伏系统产业链自上而下的"引擎"。同时，更令晶科引以为傲的是其光伏产品生产中的质量管理能力，晶科重视产品从研到推向市场的速度，以及供应链质量管理能力的培养，完善从技术研发量产的质量和可靠性控制系统及程序，引入先进故障分析和新材料评估流程至新技术新产品研发，并建成了全球先进的 UL 认证实验室，全面提升公司的侦测能力和质量控制水平	**较大** 路径一：通过体育营销、为抗疫捐赠口罩等慈善活动，接受美国有线新闻电视台采访等方式拉近与东道国消费者的心理距离。 路径二：与瓦伦西亚基金会和当地政府合作，将清洁能源运用到球场设施建设；与加拿大西安大略大学合作赞助太阳能车队，出席联合国气候行动峰会，倡导全球环保理念。 路径三：加入美国太阳能行业协会(SEIA)董事会、RE100 和 EP100 绿色倡议，出席 B20 峰会和国际金融公司(IFC)举办的"2018 气候商业论坛"等，提高行业国际影响力。 路径四：与日本银团、美国 Clean Fund Commercial PACE Capital 基金、Ygrene 能源基金等组织合作，拓展东道国融资拓展业务	**较大** 海外全球生产基地：马来西亚(2015 年建成)、美国(2018 年建成)； 全球海外子公司：欧洲(瑞士、德国、意大利、法国)、美洲(美国、加拿大)、中东(迪拜)、拉丁美洲(智利、墨西哥、巴西)、亚太(新加坡、日本、澳大利亚、韩国、印度、土耳其、越南)； 分销中心：遍布英国、法国、西班牙、保加利亚、希腊、乌克兰、约旦、沙特阿拉伯、突尼斯、摩洛哥、肯尼亚、南非、哥斯达黎加、哥伦比亚、巴拿马、哈萨克斯坦、马来西亚、缅甸、斯里兰卡、泰国、越南、波兰和阿根廷
吉利	**较小，且向供应链上游的科学和技术应用拓展** 吉利研发领域主要包括：高效动力技术(发动机/变速箱)、人本安全技术(安全识别圈、四位一体行人保护系统)、智慧互联车行技术(智趣互联)、健康生态技术(新能源、生态净化仓)、智能驾驶技术(ACC 自适应巡航系统/LDW 主动偏航警示系统/泊车辅助系统/城市预碰撞安全系统/盲点探测)、吉利卫星项目等	**较小** 企业并购是吉利国际化战略的主要途径：2006 年进驻英国锰铜控股，持有其 19.97% 的股份；2009 年收购了澳大利亚自动变速器公司(DSI)；2010 年以 18 亿美元的收购价完成对沃尔沃的 100% 全资收购；2013 年吉利控股收购了英国锰铜控股公司手中所有伦敦出租车公司的股份；2016 年宣布成立吉利新能源商用车公司(GCV)，由新发布的远程汽车及伦敦出租车组成，聚焦新能源商用车的研发、制造、销售和服务；2017 年收购沃尔沃集团 8.2% 的股权，成为其第一大持股股东	**较小** 海外全球研发中心：(1) 2013 年瑞典哥德堡建立欧洲研发中心(CEVT)，设立在瑞典哥德堡市的 Lindholmen 科技园，该中心整合旗下沃尔沃汽车和吉利汽车的资源，拥有 2000 名员工。(2) 2015 年在英国投资 5000 万英镑，建设前沿技术研发中心和新工厂，研发和生产 9 种不同车型，包括集团推出的轻量化新能源商用车，工程师将达到 8000 人。(3) 2019 年，建成德国劳恩海姆研发中心，未来将形成拥有约 300 名工程师的研发团队，加速推动吉利在新能源领域的技术发展与业务拓展。 海外造型设计中心：美国洛杉矶、西班牙巴塞罗那、瑞典哥德堡

企业名称	"集中—分散"——基于"国际多样性"的双元结构		
	知识多样性	组织多样性	地理多样性
阿里巴巴	探索学习型动机:较大,且向供应链上游的科学知识与技术端拓展 开发利用型动机:较小,且向供应链下游拓展 探索学习型动机下:阿里达摩院潜心扎根基础科学研究,主要研究自然语言处理、人机自然交互、量子计算、机器学习、基础算法、芯片技术、传感器技术、嵌入式系统等前沿科学,罗汉堂基于经济学,进行数字技术对经济和社会的影响的学术研究。此外阿里巴巴还特别重视数学学科的发展,认为数学是一切自然科学的基础,也是科技进步的强大引擎,举办"阿里巴巴全球数学竞赛",加强数学人才的培养,推动数学的原创性研究与突破性进展。 开发利用型动机下:在核心业务领域,阿里巴巴紧密围绕跨境电商平台业务,进行全球化布局,在物流、数据中心等方面进行积极的知识搜索,有效拓展了海外市场	探索学习型动机:较小 开发利用型动机:较大 探索学习型动机下:阿里主要的合作对象是研究所、全球知名高校等一系列非营利性学术/研究机构全职学者或研究人员,比如,创新研究计划(AIR),访问学者计划(ARF);邀请了加州大学、哥伦比亚大学、华盛顿大学、哈佛大学、普林斯顿大学知名教授加入达摩院学术委员会。属于向技术驱动的同质性组织网络拓展,与辅助性组织和服务性组织合作的较少。 开发利用型动机下:收购东南亚最大电商 Lazada、投资印度最大的支付公司 PayTM,注资 30 亿美元至东南亚打车巨头 GRAB、阿里云与迪拜Meraas 签署合作协议,提供以云计算为支撑的系统集成服务;与俄罗斯互联网公司 Mail.ru 及俄罗斯主权财富基金(RDIF)建立伙伴关系;与墨西哥、卢旺达等政府签订合作协议,搭建东道国特色电商平台。与孟加拉国最大的移动支付公司合作,与马来亚银行和联昌国际银行合作。截至 2019 年,全球 54 个国家和地区可提供支付宝扫码支付服务,35 个国家可提供退税支付宝的服务。2019 年,蚂蚁金服与 PayPal 发展为伙伴关系	探索学习型动机:较小 开发利用型动机:较大 探索学习型动机下:选择与全球顶尖科研院校与科研团队进行合作,在海外,选择互联网数字技术人才集聚且有极高学术积累的美国、新加坡和以色列作为国外全球工作地。 开发利用型动机下:阿里云在全球有 11 个海外大型数据中心,包括新加坡、悉尼、吉隆坡、雅加达、孟买、东京、硅谷和弗吉尼亚、法拉克福、伦敦和迪拜;旗下的菜鸟网络在全球多地建立世界级物流枢纽,首批海外选址地点包括吉隆坡、迪拜、列日、莫斯科等四个城市;此外,还将跨境电商平台速卖通业务拓展至俄罗斯市场、东南亚市场、印度市场、中东市场、墨西哥市场、澳大利亚市场和非洲市场,全球布局广阔
卧龙	较小,围绕供应链技术应用环节拓展 卧龙的研发主要围绕电机与控制、输变电、电源电池三大产品链展开,现拥有产品 40 个系列 3000 多个品种。同时在海外拓展中,也围绕电机展开,比如并购奥地利 ATB 集团就让卧龙集团的电机生产水平加速迈进了 15 年,达到了欧洲标准;并购意大利 SIR 机器人制造企业使得在卧龙的电机生产车间里设置了最为先进的生产线,SIR 提供了自动化生产流程的解决方案	较小 企业并购是卧龙国际化的主要途径,在海外收购奥地利 ATB 集团(欧洲三大著名电机制造商之一)、意大利 SIR 公司(欧洲顶尖机器人集成应用制造商)和意大利 OLI 公司、美国通用电气公司的中小型工业电机业务。2018 年完成了对美国百年工业巨头通用电气(GE)中低压电机业务的并购,超越西门子,正式成为全球第二的电机企业,同时获得 10 年 GE 商标使用权	较大 卧龙已在越南、英国、德国、奥地利、意大利、波兰、塞尔维亚、墨西哥、日本、印度等国拥有 39 个制造工厂,美国休斯敦、德国杜塞尔多夫、荷兰埃因霍温、日本京都四大技术中心,在上海设立全球研究院,形成了遍及全球 50 多个国家的研发、制造和业务网络

注:表中的"大""较大""一般""较小""小"为专家对案例企业动机倾向性、国际多样性拓展程度和伙伴异质性拓展程度的评价打分。表 5-4 同表 5-3。

四、合作伙伴异质性

本书将用焦点企业与合作组织间各个维度间的距离来衡量创新生态系统网络拓展中的"相似或相异"问题,并将组织距离的维度划分为知识距离、组织距离、地理距离和制度距离,案例企业的合作伙伴异质性问题在表 5-4 中展示。

表 5-4　案例企业国际化过程中的伙伴异质性分析

企业名称	"相似—相异"——基于"合作伙伴异质性"的双元结构			
	知识距离	组织距离	地理距离	制度距离
晶科	较小 晶科在研发全球化的进程中,一直紧紧围绕光伏产业,以光伏市场为目标,学科、技术和市场维度跨越小,知识距离拓展较小。在寻找合作伙伴时,晶科一直选择研发实力较强的企业作为合作对象。比如,在研发国际化初始阶段的 2012 年,晶科以"抱团出海"的形式,与中国江西国际经济技术合作公司签署合作协议,为其在肯尼亚加里萨的 50 兆瓦光伏电站的项目开发提供技术支持;2015 年与杜邦公司签订战略合作协议,协议表明公司进一步发展和应用高效可靠太阳能发电的意向,其中包括杜邦将为晶科提供杜邦 TM Solament,PV19X 系列光伏金属浆料以及杜邦 TM 特能(Tedlar)PVF 薄膜。2017 年与业内知名的第三方检测认证机构 TüV 莱茵合作进行双面组件户外发电性能评测方法的研究和标准化的开发,推动双面技术发展	较大 晶科在国际化前期选择向欧美等发达国家进行研发拓展,与对方在文化、社会、经济、风俗等方面有较大的距离。因此,前期在欧美等发达国家发展业务时,晶科特别注重与东道国当地的消费者建立情感联系,以及向当地消费者传达环保的价值理念	较大	较大 获得东道国合法性的途径:取得东道国标准认证—制定标准—自主认证

企业名称	"相似—相异"——基于"合作伙伴异质性"的双元结构			
	知识距离	组织距离	地理距离	制度距离
吉利	较大 吉利出于探索学习的动机，在选择合作伙伴时，选择拥有汽车制造行业先进技术经验的企业，知识势差较大。比如，在收购沃尔沃时，沃尔沃已经拥有上万项专利技术；收购澳大利亚 DSI（全球知名高端汽车自动变速器供应商）时，DSI 已经拥有完整的汽车自动变速器系列产品，并在排量为 1 升至 2.5 升的汽车自动变速器领域具有世界领先地位	较大 在国际化过程中，吉利遭遇较大的中西方文化差异，但一直以开放包容的心态来接纳不同的文化，致力于寻求"和而不同"的组织和社会文化认同，促进组织和社会文化融合。如何建立起包容多元的企业文化，让来自不同国家的员工认同企业文化，是吉利国际化过程中的主要课题	较大	较大 获得东道国合法性的途径：企业并购中认同感的建立；全球化与本土化的结合
阿里巴巴	探索学习型动机：较大 开发利用型动机：较小 探索学习型动机下：阿里巴巴搜索的新知识与现有知识之间的距离较大。一方面，达摩院各大实验室研究的项目属于科技前沿未知领域的前沿项目，涉及面也很广，包括机器智能、数据计算、机器人、金融科技，以及量子与人工智能领域等。另一方面，达摩院合作的科学家、实验室、大学等组织都是全球顶尖的科学家与机构，截至2019 年，达摩院内就"高手如林"，拥有 10 多位 IEEE Fellow，30 多位知名高校教授，超过一半的科学家拥有名校博士学位。 开发利用型动机下：在业务拓展领域，阿里巴巴的合作对象的知识基础较为相近，部分合作伙伴是东道国互联网电商平台领域的领导者，知识距离较小	探索学习型动机：较小 开发利用型动机：较大 探索学习型动机下：由于合作伙伴多属于加州大学、哥伦比亚大学、华盛顿大学、哈佛大学、普林斯顿大学等全球订单大学、科研机构等知识创造的同质性组织，交流沟通障碍相对较小，因此组织距离相对较小。 开发利用型动机下：合作伙伴类型较多，涉及移动支付平台、电商平台、国际物流企业、政府等，合作企业的社会文化环境差异也较大，组织距离相对较大	较大	较大 获得东道国合法性的途径：天猫国际站的建立；全球速卖通的推广；股权变更；全球数据库等技术支持

续表

企业名称	"相似—相异"——基于"合作伙伴异质性"的双元结构			
	知识距离	组织距离	地理距离	制度距离
卧龙	较小 卧龙并购的对象,不论是探索学习型动机,比如奥地利ATB集团、意大利SIR,还是开发利用型动机,比如美国GE、全球最大的振动电机制造商OLI公司,其技术积累都远超当时的卧龙,在卧龙海外并购名单中,还有如德国鲍米勒公司、WEM公司、伦茨公司、奥地利ELIM公司、美国雷勃电气公司这样一些全球行业内的企业。因此,合作伙伴知识距离都较小	较大 如何维系不同文化间的平衡是卧龙面临的问题。在资本整合过程中,卧龙维护着被收购企业的文化和体制自由,充分尊重企业原有的运转系统。比如,在ATB的发展战略上用加法原则,大力支持ATB的健康发展和扩张,让ATB在最短时间内与母体内的其他产业系统融为一体,共同壮大了卧龙的产业格局,成功克服了社会制度和东西方文化的巨大差异,基本完成了ATB集团的法人治理结构、母子公司管控模式和主要管理制度流程的改造重构,整合了全球市场资源,强化了全球电机资源的协同	较小	较大 获得东道国合法性的途径;企业并购中认同感的建立

第四节　案例间分析

上一章对案例企业创新生态系统网络拓展的动机、国际多样性、合作伙伴异质性等方面的表现进行了详细描述;同时,针对各案例企业的现实情况,对各项指标进行初步评判,其中国际多样性三个维度指标及合作伙伴异质性的知识距离和组织距离用"较大"与"较小"二级指标进行简单判断,地理距离根据案例企业的海外全球生产基地、全球海外子公司、海外全球研发中心、全球技术中心等所在地与中国的直线距离平均值计算(数据来自cepii数据库);组织距离与制度距离用Hofstede六维度文化距离计算,制度距离用世界银行的东道国与中国间全球治理指数（WGI）差的平均值表示。在初步编码后，再次请专家作对各项指标进行更为细致的评判打分和编码，分别用大、较大、一般、较小和小五个等级表示，编码结果见表 5-5。

表 5-5　案例企业海外研发动机、国际多样性、合作伙伴异质性的汇总与编码

变量		晶科	吉利	阿里巴巴	卧龙
动机	探索学习	小	大	一般	较大
	开发利用	大	小	大	大
国际多样性	知识多样性	较小，向价值链下游拓展	较小，向价值链上游拓展	大，向价值链上游拓展（探索学习）较小，向价值链下游拓展（开发利用）	小，围绕价值链技术应用环节拓展
	组织多样性	较大，向异质性组织拓展	小，向同质性组织拓展	小，向同质性组织拓展（探索学习）较大，向异质性组织拓展（开发利用）	一般，向异质性组织拓展
	地理多样性	大	一般	较小（探索学习）大（开发利用）	大
合作伙伴异质性	知识距离	小	大	较大（探索学习）较小（开发利用）	较小
	组织距离	一般	大	较大（探索学习）一般（开发利用）	一般
	地理距离	较大	大	较大（探索学习）一般（开发利用）	较小
	制度距离	较大	大	一般	较大

注：表中的"大""较大""一般""较小""小"为专家对案例企业动机倾向性、国际多样性拓展程度和伙伴异质性拓展程度的评价打分。

一、动机与国际多样性

这里的预设模型提出了企业创新生态系统网络拓展的动机会对国际多样性的各个维度产生影响。

1. 动机与知识多样性

从技术生命周期角度看,技术的起始阶段和成长阶段与创造力高度相关,因此科学知识、应用研究和技术知识相继成为合作研发的主要方面,而在成熟期和衰退期,生产力和商业化比创造性更重要,这个时候的研发互动具有高度的开发利用性。从价值链维度看,由于上游价值链活动更以研究为导向,需要获得知识增值;而下游价值链活动更以商业为导向,高度关注母国竞争优势如何转化为盈利能力,因此一般而言,供应链上游的活动比下游的活动更具探索学习性,而供应链下游的活动比上游的活动更具开发利用性。

虽然创新生态系统网络拓展具有双元性,但是探索学习与开发利用动机仍然会有偏向性。晶科和卧龙偏向开发利用动机,且晶科所处的光伏产业及卧龙所处的电机产业已经迈入市场的成熟期,因此这两个案例企业在创新生态系统网络拓展时,更倾向于向价值链下游的产品商业化知识领域拓展,比如晶科关注提升质量管理体系与 UL 认证实验室,卧龙关注机器人辅助自动化生产流程解决方案的建立等。吉利偏向探索学习动机,且吉利开发的新能源汽车等属于新兴产业,因此吉利在创新生态系统网络拓展时,更倾向于向价值链上游的科学与技术知识领域拓展,比如,智能驾驶技术、高效动力技术、智慧互联车行技术等。阿里巴巴兼具开发利用与探索学习动机,探索学习动机下的达摩院、罗汉堂等研究机构,更倾向于向价值链上游的经济学、自然语言处理、人机自然交互、量子计算、机器学习、基础算法、芯片技术、传感器技术、嵌入式系统等前沿科学领域拓展,在开发利用动机下,阿里倾向于向价值链下游的大数据中心、移动支付、物流配送等商业化知识领域拓展。

通过以上分析,本书提出如下命题假设。

命题 1:进行创新生态系统知识边界多样性拓展时,当企业的开发利用动机更为明显时,企业更倾向于向供应链下游更具商业化知识的方向拓展;而当企业的探索利用动机更为明显时,企业更倾向于向供应链上游

的科学知识和技术拓展。

2.动机与组织多样性

从供应链的功能角度看,以新产品开发为例,Rothaermel 和 deeds (2004)发现新产品开发需要探索学习型的创新联盟作为起始点,以开发利用型的创新联盟作为产品营销过程的终点。研究发现技术驱动型的跨组织边界合作与企业探索学习能力的发展有正相关关系,而市场驱动型的跨组织边界合作与企业开发利用能力的发展有正相关关系。

当企业海外研发的供给动机,即探索学习动机更为显著时,企业将致力于探索获得新知识、学习新技术,与同类研发领先企业、大学和研究机构跨组织边界合作能够为企业的创新活动提供多样化的知识来源,尤其是在中国企业技术能力薄弱的情况下,与大学等研究机构合作将有助于满足不同的需求水平。因此,出于学习目的,吉利在创新生态系统网络拓展组织多样性选择上,倾向于选择在汽车制造领域研发能力突出的沃尔沃等车企作为拓展对象,属于同质性组织网络拓展方向,且组织多样性较小;阿里巴巴在其探索学习动机下,在达摩院平台与全球知名研究所、全球知名高校等一系列非营利性学术机构开展合作,比如加州大学、哥伦比亚大学、华盛顿大学、哈佛大学、普林斯顿大学等,合作的机构类型较少,组织多样性较小。

当企业海外研发的需求动机,即开发利用动机更显著时,企业将更注重创新成果的市场转化,企业与供应商、竞争对手、行业协会、中介机构、用户等进行多样性较大的异质性跨组织边界合作,组成创新联盟,将更好地帮助企业系统地处理分散的市场信息,获取更有价值的想法,并扩大潜在的伙伴关系,从而增加新产品和新技术的市场机会,异质性跨组织边界创新活动为企业提供了互补的市场信息,从而使企业可以更好地了解客户的需求和竞争对手的行动。在典型案例中,晶科积极与美国有线电视台、瓦伦西亚体育基金会、市政府、美国太阳能行业协会、能源基金会、日本银团、加拿大大学等机构积极开展合作,通过访谈、慈善活动、体育营销等方式实现东道国市场开发;阿里巴巴在其开发利用动机下,与俄罗斯主权财富基金、东南亚打车巨头 GRAB、墨西哥、卢旺达的政府机构、孟加拉国最大的移动支付公司、马来亚银行和联昌国际银行等组织进行多样化的合作,以进入东道国市场,进行速卖通、支付宝扫码业务等的推广;卧龙也通过收购全球最大的振动电机制造商 OLI 公司 80% 的股份等并购活动实现提升海外市场拓展能力的目标。

通过以上分析,本书提出如下命题假设。

命题 2:进行创新生态系统组织边界多样性拓展时,当企业的开发利用动机更为明显时,更倾向于向异质性组织边界方向拓展,且组织多样性较大;当企业的探索学习动机更为明显时,更倾向于向同质性组织边界方向拓展,且组织多样性较小。

3. 动机与地理多样性

知识地域嵌入性使不同国家的知识各具特质,Ahuja 和 Katila (2010)发现领先企业在进行国际研发活动时,如果能维持一定的地理多样性,就能够有效促进突破性技术发明的产生,地理多样性在一定程度上能够促进知识网络拓展过程中的多样性。但是地理多样性网络拓展过程中所带来的多国文化知识的大量涌入,会伴随着高昂的海外研发成本,因此企业过度追求知识来源地理多样性,会引致超载的知识融合成本,甚至还有可能耗尽知识多样化带来的创新收益(郭磊,2019)。

在开发利用动机下,晶科从 2010 年开始国际化的尝试,2015 年马来西亚基地投产之后,晶科开始大规模发展国际化之路,截至 2000 年已拥有 10 多年的国际化经验,现在已经拥有 2 家海外全球生产基地,海外子公司遍布欧洲、美洲、中东、拉丁美洲和亚太多国,分销中心更是遍布全球 20 多个国家与地区,地理多样性程度很高;卧龙 2011 年开始布局全球格局,2012 年收购奥地利 ATB 为国际化进程中的里程碑事件,国际化经验同样丰富,已在越南、英国、德国、奥地利、意大利、波兰、塞尔维亚、墨西哥、日本、印度等国拥有 39 个制造工厂,美国休斯敦、德国杜塞尔多夫、荷兰埃因霍温、日本京都 4 大技术中心,在上海设立全球性的研究院,形成了遍及全球 50 多个国家的研发、制造和业务网络,地理多样性程度很高;阿里巴巴从 2010 年开始尝试国际化拓展,2014 年将国际化定位基本战略,同样拥有 10 来年的国际化经验,目前拥有 11 个海外大型数据中心,4 个世界级物流枢纽,跨境电商平台速卖通业务拓展至俄罗斯市场、东南亚市场、印度市场、中东市场、墨西哥市场、澳大利亚市场和非洲市场,全球布局广阔,地理多样性程度很高。

综上,本书认为,当企业出于开发利用动机进行创新生态系统网络拓展时,由于受到拓展成本与收益的影响,地理多样性空间拓展方向受到国际化阶段的影响。在国际化初期,由于沟通成本、管理成本等拓展成本的上升,以及风险和未知的存在,收益情况不可控,企业更倾向于向较小的地理多样性方向拓展;随着国际化经验逐渐丰富,拓展的边际收益逐渐大于边际成本,因此企业更倾向于向较大的地理多样性拓展。

探索学习动机下的吉利,2006 年进驻英国锰铜控股并持有其 19.97% 的股份,2009 年收购澳大利亚自动变速器公司(DSI),2010 年完成对沃尔沃的 100% 全资收购。在其国际并购活动之前,吉利本身在发动机制造等汽车核心领域的技术积累较弱,通过兼并购活动,逐步填补了自身的技术空白。至 2020 年,吉利拥有位于瑞典、英国和德国的 3 家海外全球研发中心,以及美国洛杉矶、西班牙巴塞罗那、瑞典哥德堡 3 家海外造型设计中心,地理多样性水平一般。而探索学习动机下的阿里巴巴,不管是互联网核心业务,还是在基础科学技术领域都具有较高的知识积累水平,在创新系统网络拓展时,倾向于选择与全球顶尖科研院校与科研团队进行合作;在海外,更是选择互联网数字技术人才集聚且有极高学术积累的美国、新加坡和以色列作为国外全球工作地,地理多样性水平低。

可见,在探索学习动机下,企业创新生态系统地理多样性网络拓展水平受到企业自身技术知识积累水平的影响。知识积累水平较高的企业,地理多样性水平较低;知识积累水平较低的企业,地理多样性水平较高。分析其原因,一方面,知识积累水平高的企业在合作伙伴的选择上会更加严苛,只能在研发水平高于自身的组织中进行合作伙伴选择;另一方面,后发企业与领先企业相比,技术积累时间较短,技术发展过程中尚未形成组织惯性,对创新路径的依赖程度不高,兼容和吸纳地理多样性带来的异质性知识也更容易控制成本,因此会进行较高地理多样性水平的网络拓展。事实上,绝大多数出于探索学习动机的中国企业都属于后发企业。

通过以上分析,本书提出如下命题假设。

命题 3:在开发利用动机下,企业创新生态系统的地理边界多样性拓展受到企业国际化阶段的影响:在国际化初期,企业倾向于向较小的地理多样性方向拓展;随着国际化经验的积累,企业倾向于向较大的地理多样性方向拓展。

命题 4:在探索学习动机下,企业创新生态系统的地理边界多样性拓展受到企业知识积累水平的影响:知识积累水平较低的企业倾向于向较大的地理多样性方向拓展;知识积累水平较高的企业倾向于向较小的地理多样性方向拓展。

二、动机与合作伙伴异质性

在本书的预设模型中,提出了企业创新生态系统网络拓展的动机会对合作伙伴异质性的各个维度产生影响。

1. 动机与知识距离

知识距离是指企业搜索的新知识与现有知识之间的距离。我们已经根据价值链功能的不同,将知识类型分为科学、技术和产品市场三类,同一类的知识边界又可以根据知识距离维度进行划分。根据 Li(2010)的研究结果,企业倾向于选择在现有组织边界内或现有知识库内进行近距离知识搜索,以获得开发利用型的研发合作与支持,倾向于通过未知的远距离知识搜索进行探索学习型研发合作。因此,知识类型会在知识距离维度进行拓展,比如科学探索与开发、技术探索与开发、产品市场探索与开发。

　　典型企业的跨案例分析证实了上述结论。开发利用动机下的晶科在2016 年已经成为全球最大光伏组件制造商,在《财富》全球 100 家成长最快公司排行榜中排第 16 名,在其研发全球化的进程中,一直紧紧围绕光伏产业,以光伏市场为目标,其中太阳能电池及组件的技术、双面组件户外发电性能评测方法的研究和标准化的开发是晶科的研发重点,在学科、技术和市场维度上跨越小,在知识距离上拓展较小。同时,在寻找合作伙伴时,晶科一直选择研发实力较强的企业作为合作对象,比如,2015 年晶科选择杜邦公司签订战略合作协议,表明公司进一步发展和应用高效可靠太阳能发电的意向;2017 年选择与业内知名的第三方检测认证机构TüV 莱茵合作进行双面组件户外发电性能评测方法的研究和标准化的开发,推动双面技术发展;与美国领先组织 GRID Alternatives 延续合作关系,为低收入家庭提供太阳能安装和岗位等。同样是出于开发利用动机的卧龙,是中国 500 强企业,它选择的并购对象——奥地利 ATB 集团、意大利 SIR、美国 GE(全球最大的振动电机制造商 OLI 公司),以及在卧龙未来海外并购名单中的 WEM 公司、伦茨公司、德国鲍米勒公司、奥地利 ELIM 公司和美国雷勃电气公司,都是全球行业内的领先企业,卧龙与合作伙伴的知识距离较小。阿里巴巴与其在开发利用动机下选择的合作对象的知识基础较为相近,大部分合作伙伴都是东道国互联网电商平台领域领导者,比如,印度最大的支付公司 PayTM、东南亚打车巨头GRAB、孟加拉国最大的移动支付公司 bKash 等,与合作伙伴的知识距离较小。而在探索学习动机下的吉利,即使是在自身研发能力不足的情况下,也选择 DSI、沃尔沃等具有很强研发能力的车企作为并购对象,知识距离较大;阿里巴巴出于探索学习目的,成立达摩院、罗汉堂进行基础科学研究,即便已经有一定的知识积累,但是其合作对象大多是哈佛大学、普林斯顿大学等全球顶尖大学,仍然存在较大的知识距离。

分析其原因,当企业海外研发的开发利用动机更为明显时,企业致力于获取商业化程度更强、生产力程度更高的合作和支持,企业更倾向于选择与和现有知识库内知识的距离较小的伙伴进行开发性合作,因为这类合作者具有相近的知识基础;而当企业海外研发的探索学习动机更为明显时,企业致力于获得创造力程度更强的合作与支持,企业更倾向于选择与现有知识距离较远的伙伴进行探索性合作。

通过以上分析,本书提出如下命题假设。

命题 5:进行创新生态系统知识边界异质性拓展时,当企业的开发利用动机更为明显时,更倾向于向较小的知识距离方向拓展;当企业的探索学习动机更为明显时,更倾向于向较大的知识距离方向拓展。

2. 动机与组织距离

海外研发动机对组织文化距离有影响:一方面,组织文化会带来"外来者劣势"影响,社会距离和文化距离的增加会提高环境改变所带来的不可预测的程度,即环境动态性增加,Dess 和 Beard(1984)及 Duncan(1972)观察到,动态性增加的普遍结果是管理不确定性的增加,为了提高对环境的掌控性和减少不确定性,社会距离和文化距离的增加会导致企业进行更广泛的信息搜索(Daft & Weick,1984),当信息搜索超越数据获取并能够开始为企业提供解释时,不确定性将会减少。因此,组织距离越大,环境动态越强,组织的探索导向动机更为明显。另一方面,企业更希望能够利用母国优势开拓市场时,相近的社会和文化距离更有利于企业获得海外顾客和市场的认可,因此更倾向于向组织距离更小的组织进行拓展。

四个案例企业都涉及对发达国家与发展中国家的创新生态系统网络拓展,通过 Hofstede 权利距离、个人主义和集体主义、性别偏向、不确定性规避、长期取向和短期取向、放纵与自我约束六维度文化距离的测算,开发利用动机下的晶科和卧龙,以及该动机下的阿里巴巴与海外合作伙伴的文化距离水平处于四个案例中的中游水平,探索利用动机下的吉利

与合作伙伴间的文化距离水平很高,阿里巴巴在合作利用动机下与合作
伙伴间的文化距离水平一般。

从以上案例大致可以印证动机对组织距离的影响,企业出于开发利
用动机时,从获得市场认可度的角度出发,选择较小组织距离的合作伙伴
进行拓展;如果出于探索学习的动机进行海外研发时,为了应对外来者劣
势,企业会进行更大范围的探索性信息搜索,以减少不确定性,且探索学
习的动机越明显,则组织距离越大。唯一的例外是阿里巴巴,原因是其处
在探索学习动机时,由于与合作大学和科研机构的合作较少涉及利益分
配,属于较为单纯的学术研讨,因此组织文化距离较小。

通过以上分析,本书提出如下命题假设。

**命题 6:进行创新生态系统组织边界异质性拓展时,当企业的开发利
用动机更为明显时,更倾向于向较小的组织距离方向拓展,且该动机越明
显,组织距离越大;当企业的探索学习动机更为明显时,更倾向于向较大
的组织距离方向拓展。**

3.动机与地理距离

企业研发活动的双元驱动动机会影响其地理异质性结构。杨珍增
(2017)用美国跨国公司数据研究了地理距离和国际直接投资动机间的关
系,认为对外直接投资的动机与母国同东道国地理距离存在直接关系,随
着地理距离的增加,海外分支机构在东道国当地的销售比重显著上升,而
对母国的返销比重下降。这表明地理距离与市场寻求型动机有正向关
系,而成本动机与地理距离呈现反向影响关系。

从案例上看,开发利用动机下的晶科和卧龙,前者进行了较大地理距
离的创新生态系统网络拓展,后者进行了较小地理距离的创新生态系统
网络拓展;探索学习动机下的吉利网络拓展时的地理距离是四个案例中
最大的;阿里巴巴在探索学习动机下网络拓展的地理距离较大,在开发利
用动机下的地理距离一般。可见,开发利用动机与地理距离的关系无法
直接从跨案例分析中得出。

因此,本书进一步分析不同动机下地理网络拓展的协同过程问题。不同动机下的地理距离受到拓展成本的影响,而在进行海外研发时,知识转移与交流成本是海外研发的重要成本之一。因此,动机与地理网络拓展异质性协同的关系可能受到知识边界多样性结构的影响,当企业出于探索学习目的时,企业为了更多地追求新知识,会选择较近的地理网络拓展,以便于沟通交流,提高技术的学习效率;地理距离较远的网络拓展适合追求较旧的知识,以提高技术转让的效率(杨雪、顾新,2015);同时,动机与地理网络拓展的异质性协同关系也可能受到组织边界多样性结构的影响,当企业与不同类型的组织进行合作时,会更多地考虑选择地理距离较近的网络拓展,以便提高双方合作效率;而企业与同类组织合作时,较远距离所带来的信息不对称、交流不便等因素的影响相对较小,不会影响企业海外研发的效果。

除了卧龙的案例所展示的地理异质性网络拓展方向不是特别明确,其他三个案例的地理异质性协同的方向基本与分析一致。因此,本书初步提出以下命题。

命题7:进行创新生态系统地理边界异质性拓展时,当企业的开发利用动机更为明显时,更倾向于向较大的地理距离方向拓展;当企业的探索学习动机更为明显时,更倾向于向较小的地理距离方向拓展。

命题8:创新生态系统知识边界多样性结构调节了动机与地理距离的关系,当知识网络拓展具有较强的多样性特征时,将缩小动机对地理距离的影响;当知识网络拓展多样性特征较弱时,将放大动机对地理距离的影响。

命题9:创新生态系统组织边界多样性结构调节了动机与地理距离的关系,当组织网络拓展具有较强的多样性特征时,将缩小动机对地理距离的影响;当组织网络拓展多样性特征较弱时,将放大动机对地理距离的影响。

知识多样性与组织多样性的调节作用,以及两者交叉项的调节作用究竟在多大程度上影响了动机与地理距离的关系,需要进一步计量研究。

综上,双元动机下的创新生态系统网络拓展协同过程的概念模型如图 5-2 所示,双元动机下的创新生态系统边界三维空间拓展见图 5-3。

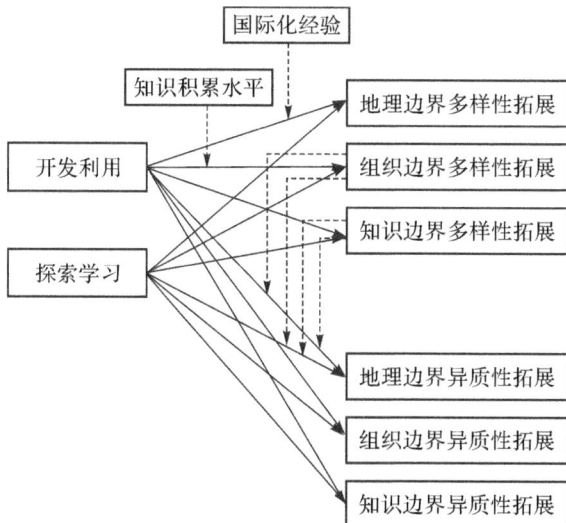

图 5-2　双元动机下的创新生态系统网络拓展路径

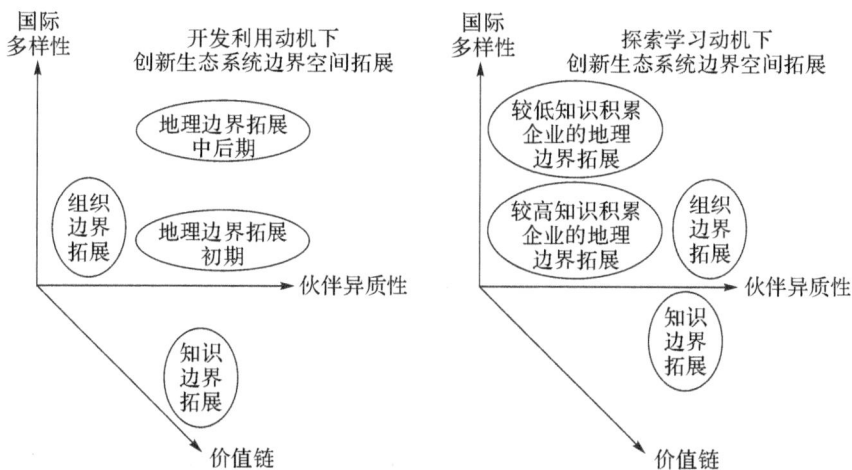

图 5-3　双元动机下的创新生态系统边界三维空间拓展

第五节　本章小结

　　本章在上一章创新生态系统网络拓展过程的基础上，以"双元动机—协同路径"为逻辑主线的总体研究框架，讨论了双元动机下创新生态系统四维网络拓展的协同过程，通过对晶科能源控股有限公司、浙江吉利控股集团、阿里巴巴集团和卧龙控股集团有限公司四家企业的案例内和案例间分析，梳理了创新生态系统多样性网络拓展过程和创新生态系统异质性网络拓展过程。主要结论如下：

　　(1)开发利用动机下创新生态系统多样性网络拓展的空间协同路径。当焦点企业的开发利用动机更明显时，在创新生态系统进行多样性网络拓展时，焦点企业可以更多地向供应链下游的商业化知识方向进行知识多样性拓展，同时可以更多地向供应商、竞争对手、行业协会、政府管理部门等市场信息交换主体合作，进行较大的异质性组织网络拓展。在国际化初期，企业可以聚焦几个国家作为东道国进行海外研发；随着国际化经验的逐步累积，再向更多的海外国家拓展，进行较大的地理多样性网络拓展。

　　(2)开发利用动机下创新生态系统异质性网络拓展的空间协同路径。当焦点企业的开发利用动机更明显时，在进行创新生态系统的异质性网络拓展时，焦点企业更适合选择与自身知识水平较为相似、组织文化较为相近、地理距离较远的伙伴进行海外研发合作；同时，创新生态系统的多样性影响了开发利用动机与地理距离的关系，较大的知识多样性和较强的组织多样性会缩小动机对地理距离的影响。

　　(3)探索学习动机下创新生态系统多样性网络拓展的空间协同路径。当焦点企业的探索学习动机更明显时，在进行创新生态系统的多样性网络拓展时，焦点企业可以向供应链上游的科学知识和应用技术方向进行知识多样性拓展；同时可以更多地与大学、科研院所、商业实验室等主体性研究机构合作，进行较小的同质性组织网络拓展；当焦点企业自身的知识积累水平较弱时，由于创新路径的依赖性不高，知识转移的成本更易控制。相较之下，此时可适当选择较多的东道国学习创新经验，随着焦点企业自身创新能力的提升，企业可以缩小海外研发合作东道国的多样性，向较小的地理多样性方向拓展。

（4）探索学习动机下创新生态系统异质性网络拓展的空间协同路径。当焦点企业的探索学习动机更明显时，在创新生态系统进行异质性网络拓展时，焦点企业更适合选择创新能力高于自身且地理距离较近的伙伴进行海外研发合作，同时为了应对"外来者劣势"，企业也可以与社会文化差异较大的伙伴合作，以便进行更大范围的探索性信息搜索，以减少不确定性。创新生态系统的多样性同样影响了探索学习动机与地理距离的关系，较弱的知识和组织多样性会放大动机对地理距离的影响。

第六章 创新生态系统网络拓展协同创新绩效的影响机制

第一节 问题的提出

第五章探讨了不同的国际化动机的创新生态系统异质性网络拓展空间路径和多样性网络拓展空间路径,论证了"动机—过程—绩效"三阶段研发国际化动机中"动机—过程"之间的关系。在第六章中,本书将围绕"过程—绩效"部分进行讨论,研究四维网络拓展过程对协同创新绩效的影响机制。

协同绩效衡量合作创新活动的实施所带来的经营结果。企业海外创新活动的阶段性、异质性和多样性及各种海外创新活动间的层次性都会影响协同创新绩效(陈劲,2012)。创新生态系统网络拓展过程中通过技术与非技术要素的全面协同,各创新要素间全维度的协同匹配,以实现各自单独所无法实现的"1+1>2"的协同效应,从而促进协同创新绩效的提高。协同创新机制的研究是协同创新理论的重点与热点。那么,在协同主体更多、相互作用更复杂的全球化背景下,创新生态系统网络拓展的异质性拓展过程与多样性拓展过程分别是如何影响企业协同创新绩效的?中国的民营企业协同过程对协同创新绩效的影响又有何异同?本章将重点回答以上问题,并用 2011—2017 年中国上市公司国际化活动的数据,形成平衡面板数据进行实证分析。

第二节 影响机理与研究假设

一、伙伴异质性与协同创新绩效

知识距离与协同创新绩效:本书将知识距离定义为企业搜索的新知识与现有知识之间的距离,具体反映了不同合作企业间拥有的知识的宽度与深度的差距。合作企业间的知识距离较大,有利于异质性知识的传播,激发合作双方产生新思想和新观念,提高企业创新成功的概率(Carlo,2012);同时知识距离较大的企业,相互之间的知识互补性也较强,有利于整合新知识,形成创新。

组织距离与创新绩效:本书的组织距离多指两国在社会和文化价值观方面的差异。从社会网络理论角度看,合作企业间社会距离的大小,也就是合作企业关系的亲密程度在他们的关系强弱中的体现,"强"和"弱"各自代表了两种对于社会文化距离与协同创新绩效之间关系的观点。强关系观点认为合作双方高度的信任感能够提高企业的协同创新绩效。理解偏差和沟通困难,会降低资源配置效率,并进一步负向影响协同创新绩效。弱关系观点认为创新思维的限制小,合作企业间信息冗余度低、新颖性强,有利于促进创新(魏江、郑小勇,2009),本书认同后一种观点。相对宽松的社会关系能够活跃企业的创新思维,也有利于企业快速地转换合作对象,特别是对于后发企业和初创企业来说,封闭被锁定的社会网络,不利于拥有创新思维的外来者进入,不利于企业把握创新机遇(Boschma,2005)。因此,较大的组织距离反而有利于企业获得较好的协同创新绩效。

地理距离与协同创新绩效:地理距离对于协同创新绩效的关系研究

得到了较长时间的关注,较小的地理距离方便组织聚集,通过互动中更为频繁的信息交换,发生和传播隐性知识,而较大的地理距离会随着传输路径变长,使信息传输逐步扭曲和失真(王菁,2011),对于隐性知识来说,地理距离的增加,更是增加了沟通与转移的难度。因此,创新生态系统边界异质性拓展中较大的地理距离不利于企业的协同创新绩效。

由此,本书提出创新生态系统异质性网络拓展与协同创新绩效关系的以下假设。

H1:研发国际化中的创新生态系统异质性网络拓展与企业协同创新绩效正相关。

H1a:研发国际化中的创新生态系统组织异质性网络拓展与企业协同创新绩效正相关。

H1b:研发国际化中的创新生态系统知识异质性网络拓展与企业协同创新绩效正相关。

H1c:研发国际化中的创新生态系统地理异质性网络拓展与企业协同创新绩效负相关。

二、国际多样性与协同创新绩效

知识多样性与协同创新绩效:知识多样性通过影响知识转移绩效从而影响协同创新绩效。企业是否获得外部知识可以由具有承载着知识多样性的外部网络所决定,网络知识的多样性越高,企业获得的丰富技术信息和资源就越多,知识元素之间就更易产生新的结合,所接收到的新信息与公司内部的知识也更易通过碰撞和结合增加产生新想法和新方法的机会,有效预防"核心僵化";同时,知识多样性意味着更为广泛的技术基础范围(杨靓、曾德明,2020),对异质性知识有更透彻的理解,同时也能更有效地重组多样化知识,通过多样化知识间的互补性产生并更新技术轨迹,降低不同技术知识之间的融合成本,提高创新效率。因此,企业海外研发过程中的知识多样性有利于提升企业协同创新绩效。

组织多样性与协同创新绩效:在创新生态系统中发挥不同作用的企业具有不同的资源和能力,与多样化的组织建立合作关系有利于整合多样化或非重叠的技术知识,从而带来较高的创新率(Gulati,2002);与不同组织类型的伙伴建立联系有助于企业实现"雷达功能",通过协同效应实现创新产品的市场化(Ahuja,2000;张妍、魏江,2015);合作伙伴的组织多样性越高,越有利于企业拓展、组织知识基础的宽度、增加组织知识源的类型,进而提升企业协同创新绩效(周长辉、曹英慧,2011)。因此,具有多样化关系的企业能够获得多样化知识,从而提高企业协同创新绩效。

地理多样性与协同创新绩效:对于地理多样性与协同创新绩效的关系,学者们有不同的意见,有些学者认同两者间有促进作用(Phene & Almeida,2008;Cantwell & Mudambi,2005);也有一部分学者认同两者间有抑制作用,比如 Singh(2008)认为海外研发的地理分散度抑制了创新的平均价值;也有学者认为两者间存在倒 U 形(Kafouros et al.,2008)或 U 形关系(Hsu et al.,2016)。对地理多样性与协同创新绩效关系的不同认识的关键在于衡量究竟是由地理多样性带来的整合沟通成本的上升,还是由地理多样性所带来的更丰富的商机及更为广阔的市场潜力。中国企业海外研发动机同时具有探索性和开发性,除了向发达国家学习先进技术,近年来更是向广大发展中国家推进国际化进程。因此,与地理分布广泛所带来的成本提高相比,中国企业面对的市场及其背后的商机优势显得更为突出,地理多样性有利于中国企业提升协同创新绩效。

因此,本书提出创新生态系统多样性网络拓展与协同创新绩效关系的假设如下。

H2:研发国际化中的创新生态系统多样性网络拓展与企业协同创新绩效正相关。

H2a:研发国际化中的创新生态系统组织多样性网络拓展与企业协同创新绩效正相关。

H2b: 研发国际化中的创新生态系统知识多样性网络拓展与企业协同创新绩效正相关。

H2c: 研发国际化中的创新生态系统地理多样性网络拓展与企业协同创新绩效正相关。

三、国际动态能力的中介作用

动态能力作为一种整合内外部资源以应对不确定环境的能力，能够帮助企业，特别是国际化企业，不断更新资源基础，适应不断变化的外部环境（Teece et al.，1997），在国际化和绩效中起到中介作用，通过国际化获取创新所需的互补资源和来自东道国其他合作伙伴的知识溢出，从而提升协同创新绩效（李梅、余天骄，2020）。在动态能力的量化研究中，Teece 的动态能力框架的认可度最高，但在具体的应用过程中大体遵循两种思路：从组织、管理过程、路径进行量化，以及从动态能力的内嵌功能，即协调、整合、学习能力进行衡量。本书采用第二种思路，参照李梅（2020）提出的"研发国际化—动态能力—创新绩效"综合框架，将动态能力分解为吸收能力和学习能力，创新生态系统网络拓展协同过程通过吸收能力路径和学习能力路径影响协同创新绩效。

在复杂制度情境下的中国企业通过海外研发活动来获得良好绩效，同时尽量减少成本和风险，在这一过程中，吸收能力是其中一个非常重要的边界条件（魏江、应瑛、刘洋，2013）。吸收能力是企业认知新的外部知识的价值从而将其吸收和应用于商业目的的能力（Cohen & Levinthal，1990）。企业自身具备一定的吸收能力，有助于异质性知识的吸收与内化，并且降低成本与风险，对企业绩效的提升来说具有重要影响。多样性越强的企业，与外部知识整合与匹配的可能性就越强，通过吸收能力促进跨边界的组织学习，组织的知识搜索范围也会越大，增加组织的知识存量，同时也越有利于通过吸收能力，有效地消化和转化新获取的外部知识，进一步将其转化为企业内部创新动力的可能性也就越大。同时，多样性较强的企业在体现多样性的同时,会表现出更为强烈的异质性。多项实证研究证明了这一观点:Tsai(2001)在研究中发现吸收能力强的组织单元更能从其他组织单元获取知识并辅助企业经营创新;Lane 等(2001)发现东道国企业从海外母公司获取的知识与企业绩效间存在正相关关系,Yli-Renko 等(2001)证实了企业吸收能力对新产品开发数量和技术差异化程度间存在显著的正相关关系。

组织在不断获取知识、改善自身行为和优化组织体系,在急剧变化的环境中实现可持续发展的能力,这种能力就是组织学习能力(陈国权,2009)。企业在海外研发活动中,通过组织学习两种能力,即发现和选择机会的能力及获取和分享知识的能力,帮助企业在研发国际化中获取独有的战略资源和学习机会(李梅、余天骄,2020),使企业从更大的范围内获得和创造新的知识和技术,拓宽企业的机会识别范围,提升企业的机会感知能力,通过创新生态系统内外部对知识的协调、转移和整合过程来获得国际前沿的知识,在这一过程中企业的机会利用能力得到增强。学习能力协同创新绩效的重要影响在知识密集型产业中的作用更为明显。通过合作企业间知识、技术和资源的学习与共享,能够将合作双方不同技术水平下不同技术领域、不同地理区域内的异质性转化为创新力。

因此,本书提出了关于学习能力和吸收能力中介作用的相关假设。

H3:研发国际化中的创新生态系统异质性网络拓展通过企业学习能力影响企业创新绩效。

H3a:研发国际化中的创新生态系统组织异质性拓展通过企业学习能力影响企业创新绩效。

H3b:研发国际化中的创新生态系统知识异质性拓展通过企业学习能力影响企业创新绩效。

H3c:研发国际化中的创新生态系统地理异质性拓展通过企业学习能力影响企业创新绩效。

H4:研发国际化中的创新生态系统多样性网络拓展通过企业学习能力影响企业创新绩效。

H4a:研发国际化中的创新生态系统组织多样性拓展通过企业学习能力影响企业创新绩效。

H4b:研发国际化中的创新生态系统知识多样性拓展通过企业学习能力影响企业创新绩效。

H4c:研发国际化中的创新生态系统地理多样性拓展通过企业学习能力影响企业创新绩效。

H5:研发国际化中的创新生态系统边界异质性拓展通过企业吸收能力影响企业创新绩效。

H5a:研发国际化中的创新生态系统组织异质性拓展通过企业吸收能力影响企业创新绩效。

H5b:研发国际化中的创新生态系统知识异质性拓展通过企业吸收能力影响企业创新绩效。

H5c:研发国际化中的创新生态系统地理异质性拓展通过企业吸收能力影响企业创新绩效。

H6:研发国际化中的创新生态系统多样性网络拓展通过企业吸收能力影响企业创新绩效。

H6a:研发国际化中的创新生态系统组织多样性拓展通过企业吸收能力影响企业创新绩效。

H6b:研发国际化中的创新生态系统知识多样性拓展通过企业吸收能力影响企业创新绩效。

H6c:研发国际化中的创新生态系统地理多样性拓展通过企业吸收能力影响企业创新绩效。

四、制度距离的调节作用

从制度理论角度出发,制度作为一种社会交易的规则,在某种程度上决定了社会活动的交易成本、协调成本及创新程度。这里的制度主要指企业外部环境对组织行为的影响和塑造。制度理论认为组织所处的场域会出现同构（isomorphic）行为，不管是政治、法律因素造成的强制同构，教育、法律认知专业化和组织网络化形成的规范同构，还是外部的不确定性导致组织的模仿行为，组织为满足合法性需求使不同类型的组织变得越来越相似（Powell，1983），而同构将影响信息搜集和交易成本。

　　学者们也从不确定性角度解释了环境动态性与企业海外研发动机有直接影响。环境动态性指的是环境改变不可预测的程度（Dess & Beard，1984），环境动态性增加导致管理不确定性的增加（Dess & Beard，1984），制度的陌生性及与母国较大的制度距离为企业带来更大的外来者劣势和不确定性风险。为了适应动态性，企业往往会选择更具探索性的行为，进行更为广泛的信息搜索，以减少不确定性、增加对环境变化的掌控能力（Daft & Weick，1984）。当创新生态系统进行网络拓展时，环境的不确定性、风险出现的概率都将大大提高。这些不确定性通过影响关键资源获取和吸收的难度，进而影响协同创新绩效。东道国一般在敏感行业和敏感技术方面的合作研发行为采取较为严谨的审查和限制措施（吴先明，2019）。同时，制度距离所带来的不确定性使合作双方所拥有的专用性知识与当地需要存在不匹配的可能性增加，限制了知识的获取和转移过程，从而影响协同创新绩效。因此，企业希望通过扩大信息获取范围和收集更多跨界数据的方式来减少不确定性，以便及时采取应对措施，提高适应性。

　　随着制度理论的发展，学者们开始关注制度距离的悖论性，认为制度距离有可能正向调节海外网络拓展与协同创新绩效关系。这种反向逻辑始于基于组织异质性的新制度理论。新制度理论的关注点从组织同构转向了场域配置（field configuring），即组织如何发挥能动性实现对制度化过程的再塑造。母国与东道国之间不同的制度场域为组织变革和技术创新提供了机会。特别是后发国家企业，利用东道国成熟市场的制度、组织和人才优势,以及自身的比较优势和市场潜力,为学习和利用发达国家企业的先进技术进而实现技术追赶提供了可能。从学习和吸收的角度看,制度距离更大的发达国家拥有的知识、信息、技术存量更大,也能够更快地接触到新知识、新技术,管理者的知识结构和经验也更为丰富,若与之合作,后发企业将有更多机会接触模仿这些新知识和技术(Hurtado-Torres et al.,2018),同时也能够通过管理经验的充实和重构,更好地识别和把握技术变革的机遇和挑战,在这个过程中,企业创新能力也随着学习能力的提高而提升。此外,通过在制度距离更大的东道国开展研发活动,有助于通过利用式学习,在企业全球研发网络内部实现知识共享和吸收整合(Hurtado-Torres et al.,2018),并最终提升企业的协同创新绩效。

后有学者提出制度距离产生作用的条件性。陈衍泰和范彦成(2018)研究发现制度距离的影响具有时间性,总体而言,制度距离与海外研发区位存在倒 U 形关系,2008 年之前,制度距离与海外研发区位呈正向关系;2008 年以后,制度距离与海外研发区位存在倒 U 形关系;此外,制度距离、经济距离对企业跨国投资同时存在"外来者收益"与"外来者劣势"(陈衍泰、范彦成,2016)。

因此,本书提出了制度距离在创新生态系统网络拓展与协同创新绩效间的直接调节作用,有调节的中介作用和有中介的调节作用的相关假设。

在企业研发国际化进程中:

H7:制度距离在创新生态网络拓展与协同创新绩效间起到调节作用。

H7a:制度距离对创新生态系统异质性网络拓展与企业协同创新绩效有直接调节作用。

H7b:制度距离对创新生态系统多样性网络拓展与企业协同创新绩效有直接调节作用。

H7c:制度距离通过学习能力路径,在异质性网络拓展与协同创新绩效间起调节作用。

H7d:制度距离通过学习能力路径,在多样性网络拓展与协同创新绩效间起调节作用。

H7e:制度距离通过吸收能力路径,在异质性边际拓展与协同创新绩效间起调节作用。

H7f:制度距离通过吸收能力路径,在多样性网络拓展与协同创新绩效间起调节作用。

H7g:制度距离在学习能力与协同创新绩效间起调节作用。

H7h:制度距离在吸收能力与协同创新绩效间起调节作用。

制度距离对协同创新绩效调节作用的方向问题需要进一步论证。

根据以上理论分析与假设,本书提出理论预设模型如图 6-1 所示。

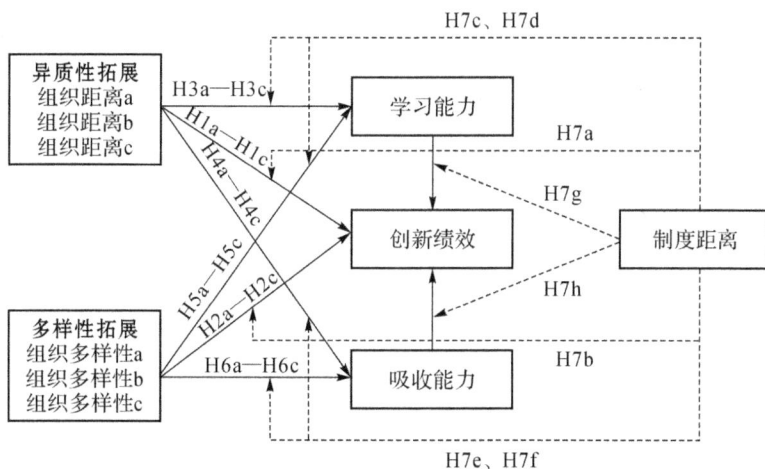

图 6-1　创新生态系统网络拓展协同绩效影响机制理论预设模型

第三节 研究设计

一、样本说明

本书关注创新生态系统网络拓展的协同过程对协同创新绩效的影响机制。在样本上需要选择向多个国家或地区进行国际化活动的中国企业,从数据可获性上,由于商务部于 2015 年起不再在《境外投资企业(机构)备案结果公开名录》中公布境外投资企业的核准年限、经营范围和省市信息,因此选择在 2011—2017 年间对多个国家或地区进行国际化活动的上市公司作为研究对象。通过国泰安数据库获取"地理多样性大于 1"的原始数据样本企业 2265 家,然后以上述企业为目标,进一步在 Hofstede 数据库、CEPII 数据库、世界银行数据库等数据库中进行二手数据挖掘,通过无效数据和缺失数据的筛选与比对,最终获得一份样本企业 628 家共 3670 个观测值的平衡面板数据。

二、模型设定

本书的研究样本为平衡面板数据,并建立面板数据多元层次回归模型进行数据分析。多元分层回归多用于调节或中介作用,不同的变量分层进入模型,通过对比多个模型变异量的差异情况对模型中的各变量进行分析。该方法在创新管理研究中使用较为广泛,董滨(2018)、张涛和庄贵军(2018)、亭宇和庄贵军(2020)等在《管理世界》《管理评论》等期刊上多次使用该方法进行网络交互策略和渠道的相关研究。本书建立的多元层次模型如下:

$$PER_{it} = \beta_0 + \beta_1 HETORG_{it} + \beta_2 HETKNO_{it} + \beta_3 HETGEO_{it}$$
$$+ \beta_4 DIVORG_{it} + \beta_5 DIVKNO_{it} + \beta_6 DIVGEO_{it} + \beta_7 LEA_{it}$$

$$+\beta_8 ABS_{it}+\beta_9 HETINS_{it}+\beta_{10} Z_{it}+\varepsilon_{it} \qquad (1)$$

下标 i,t 分别指年份与企业，PER 为因变量企业绩效。自变量包括：$HETORG$ 为创新生态系统的组织异质性网络拓展（组织距离），$HETKNO$ 为创新生态系统的知识异质性网络拓展（知识距离），$HETGEO$ 为创新生态系统的地理异质性网络拓展（地理距离），$DIVORG$ 为创新生态系统的组织多样性网络拓展中（组织多样性），$DIVKNO$ 为创新生态系统的知识多样性网络拓展（知识多样性），$DIVGEO$ 为创新生态系统的地理多样性网络拓展（地理多样性）。中介变量包括：LEA 为学习能力，ABS 为吸收能力。$HETINS$ 为调节变量，代表创新生态系统的制度异质性网络拓展（制度距离）。Z 为控制变量，包括企业规模、企业年龄、所属行业与产权性质。ε 为随机扰动项。β 为各变量的估计系数。

三、变量定义与测量

（一）因变量

企业海外研发协同创新绩效：测量企业创新绩效的指标较多，常用指标包括专利指标和财务指标，专利申请数在本书中以自变量出现，因此将用财务指标来测量企业创新绩效，财务维度上的创新绩效一般包括成长性绩效（$Tobin\ Q$）和营利性绩效（ROA）两个维度。考虑到营利性绩效指标主要反映企业的短期绩效，而且存在被操纵的嫌疑，杨林、张世超（2016）认为成长性主要从市场成长表现反映，因此本书借鉴赵凤、王铁男（2012）的绩效指标，选择用托宾 Q 值（$Tobin'Q$）来代替衡量企业创新绩效中的市场成长性绩效：

$$Tobin'Q=\frac{市场价值}{资产重置价值} \qquad (2)$$

(二)自变量

组织距离：本书在研究组织网络拓展中的组织距离网络拓展维度时，仅指隐性的组织距离，即随着企业海外研发活动的展开，创新生态系统的组织网络拓展到研发东道国，由于母国与东道国的社会、文化、经济、制度的不同，创新生态系统在跨越组织边界时体现出的社会、文化等差异化特征。学者们普遍认同用 Hofstede 的文化维度来体现一个国家或地区社会和文化的特征，包括六个维度：权利距离维度（对权力在社会或组织中不平等分配的接受程度）、不确定性规避维度（受到环境威胁时是否通过正式的渠道来避免或控制不确定性）、个人/集体主义维度（社会总体关注个人利益或集体利益的倾向）、男性/女性化维度（社会对男性和女性职能的界定）、长期/短期取向维度（对延迟满足所能接受的程度）、自身放纵与约束维度（对基本需求和享乐欲望的允许程度）。

由于 Hofstede 的文化维度长期没有更新，根据綦建红等（2012）及万伦来和高翔（2014）对该模型的创新作为本书衡量各国或地区文化维度的依据，该模型反映了文化距离的边际递减效应，也就是随着国家或地区文化往来的频繁，国家或地区间的文化距离会逐渐缩短。

$$HETORG_j = \sum_{i=1}^{n} \left[(C_{ij} - C_{ich})^2 / CV_i \right] / n + (1/Y_{jt}) \tag{3}$$

在（3）式中，$HETORG$ 表示某个国家或地区 j 与中国之间的文化距离，C_{ij} 代表国家或地区 j 在第 i 个维度上的指数，C_{ich} 代表中国在第 i 个文化维度上的指数，CV_i 代表第 i 个文化维度指数的方差，Y_{jt} 表示其他国家 j 在 t 年与中国建交的年数，n 代表文化维度的数量。该模型反映了文化距离随着建交年份的增加而不断缩短。

知识距离：本书将知识距离定义为企业搜索的新知识与现有知识之间的距离。此处采用 Berry（2010）和贾镜渝、李文（2016）的方法来衡量东道国与母国之间的知识距离，即用东道国与中国每百万人拥有有效专利申请数之间的差额衡量，并对每一家上市公司对外投资东道国与中国的知识距离做均值处理。其中,"每百万人拥有有效专利申请数"是指每百万人拥有经国内外知识产权行政部门授权且在有效期内的发明专利件数,是衡量科研产出质量和市场应用水平的综合指标。

地理距离:地理距离指东道国与母国间的直线距离,根据刘文军(2014)、Jensen(2015)、罗进辉(2017)等对地理距离的测量,用中国在地图上的经纬度与合作国家的经纬度计算得出,并用当年国际油价进行调节,对数值取对数处理。

组织多样性:组织多样性是指在创新生态系统网络拓展时选择的组织类型的多样性,是向同质性组织拓展进行强强联合,还是向异质性组织拓展获得优势互补。由于组织多样性数据的可获性难度较大,故本书用该上市公司当年联合申请的专利总数(包括联合申请发明数、联合申请实用新型数量、联合申请的外观设计数量)表示。

知识多样性:知识多样性指知识网络拓展时在科学知识、应用技术和产品服务商业化知识间的选择与互相转化。本书根据该上市公司当年申请专利的IPC分类号的个数指代知识多样性,IPC按五级分类:部、大类、小类、主组、分组(见表6-1)。IPC形式为:部(1个字母)、大类(2个数字)、小类(1个字母)、主组(1至3个数字)、分组(2至4个数字)。本书根据最小范畴的"分组"进行统计。

表 6-1　国际 IPC 分类号首部分类示意

A:人类生活需要	B:作业、运输
C:化学、冶金	D:纺织和造纸
E:固定构造	F:机械工程、照明、加热
G:物理	H:电学

地理多样性:指创新生态系统多样性网络拓展时合作国数量的多少,当企业的海外研发合作伙伴集中在少数几个国家时,认为地理网络拓展较为集聚;当企业的海外研发合作伙伴分布在更多的国家时,认为地理网

络拓展较为分散。本书用该上市公司海外关联公司所在的国家区域的个数衡量地理多样性。

(三)中介变量

在 Teece 等对动态能力维度划分的基础上,将动态能力分为两个方面,其中包含资源整合重构能力和组织学习能力。其中组织整合、协调与重构能力是动态能力绩效机制的实现手段,表现为组织吸收能力。

学习能力:学习能力是一个组织学习发现和选择机会,并获取和分享知识的能力,一般以员工的受教育水平来衡量,学历水平较高的员工各方面的素质相对较高,也具备更强的沟通能力,有利于企业协调、整合和重构资源。员工受教育程度越高,学习能力越强。参考方建国(2010)、郭玉玉(2016)等的测量,本书用"本科以上员工比例"指标衡量组织的学习能力。

吸收能力:吸收能力包括了获取、消化、转换、利用外部知识四个维度(Zahra & George,2002;Cohen & Levinthal,1990),是一种重要的基于知识的动态能力,它能对组织的创造和创新过程产生重要影响。一般用研发投资占当期营业收入的比重衡量协调整合能力。由于上市公司较少公布企业研发支出,研发支出数据缺失较为严重,因此本书用无形资产与资产总额的比值来测量研发支出比例。

(四)调节变量

制度距离:制度距离指企业海外研发过程中,组织面临的东道国和母国间政治、文化、认知等制度差异所带来的阻碍。本书参考 Kaufmann(2009)和贾镜渝、李文(2016)对制度距离的测量方法,用世界银行的世界治理指数衡量一个国家或地区的制度水平,具体包括:政府效能、腐败控制、质量监管、法律法规、政治稳定、声音与责任六个维度,同时根据研究需要,对数据做以下处理:

$$HETINS_{it} = |I_{ij} - I_{ich}| / (\max I_i - \min I_i) \tag{4}$$

根据公式(4)计算两国间的制度距离,其中I_{ij}是国家或地区j在第i个维度的值,I_{ich}代表中国在第i个维度的值,$\max I_i$代表研究对象中所有国家或地区在第i个维度上的最大值,$\min I_i$代表研究对象中所有国家或地区在第i个维度上的最小值。

(五)控制变量

企业规模:企业规模对协同创新绩效正向影响的作用(Cohen & Levinthal,1989),规模更大的公司能够通过将固定研发成本分摊来对冲风险(Cohen & Levinthal,1989)。此处用该企业当年初总资产合计的自然对数来衡量企业规模。

企业年龄:企业年龄会显著影响协同创新绩效。一般而言,较大年龄意味着企业积累了更多的经验、知识,这意味着较大年龄的企业单位投资回报率更高,但较大年龄的企业也意味着会受到更多的组织惯性的影响。本书用当年份与企业成立年份的差来衡量企业年龄。

产权性质:不同性质的企业会在协同创新绩效上有不同的表现。国企和民企研发投入倾向不同。国有产权性质意味着可能带来更优势的资源和政策(Zhou,2017;魏巍、彭纪生,2020),包括税收政策、创新政策、高层次创新人才等;作为代价,国有产权性质也面临着更大的监管压力,可能会失去面对市场变化的组织灵活度。本书根据企业实际控制人性质进行划分。产权性质指标为虚拟变量,民营企业取值0,非民营企业取值1,以此进一步确定研究对象,其中包括民营企业370家,非民营企业258家。

所属行业:考虑到不同行业对协同创新绩效的影响,本书控制了所属行业变量,并根据三位行业代码中的首位字母进行区别,分为制造业与非制造业,并对该变量进行虚拟变量赋值。其中,制造行业企业研究对象475家,非制造行业研究对象153家。

各变量的含义与数据来源见表 6-2。

表 6-2   主要变量含义及数据来源

变量类别	变量		指标及含义	数据来源
因变量	协同创新绩效	托宾值	国泰安数据库	
自变量	多样性拓展	组织多样性	企业联合申请专利个数	国泰安数据库
		知识多样性	企业申请专利的 IPC 分类个数	国泰安数据库
		地理多样性	海外关联公司所处国家区域名称个数	国泰安数据库
	异质性拓展	组织距离	Hofstede 文化距离六个维度的测算值	Hofstede 数据库
		知识距离	东道国与母国每百万人拥有有效专利申请数的差	国泰安数据库
		地理距离	东道国经纬度的测算值	CEPII 数据库
调节变量	制度距离		政府效能、腐败控制、质量监管、法律法规、政治稳定、声音与责任 6 个指标的测算值	世界银行数据库的世界治理指数
中介变量	学习能力		本科及以上学历员工比例	国泰安数据库
	吸收能力		无形资产占总资产比值	国泰安数据库
控制变量	企业规模		年初总资产取对数	国泰安数据库
	企业年龄		企业成立以来的年数	国泰安数据库
	产权性质		企业实际控股人性质,虚拟变量:民营企业取 0,非民营取 1	国泰安数据库
	所属行业		行业代码按首位大写字母分类	国泰安数据库

第四节　实证结果分析

一、描述性统计与相关性矩阵

表 6-3 汇总了各变量的描述性统计结果,企业总样本量为 628 个,其中民营企业 370 家,制造业企业 475 家。从平均值上看,创新生态系统的异质性网络拓展水平(组织距离 2.242、知识距离 3.675、地理距离 3.641)要高于多样性网络拓展水平(组织多样性 0.273、知识多样性 1.275、地理多样性 0.371),说明中国企业在海外研发活动中倾向于进行"集中—相异"式的拓展。从创新生态系统网络拓展的维度上看,知识网络拓展的水平最高,其次是地理网络拓展水平,组织网络拓展水平最低,说明中国企业在海外研发活动中已经进行了较大范围的跨学科、跨技术、跨市场的知识搜索,且除了在与知识水平相近的国家地区进行研发合作,也愿意与上行知识距离较大的发达国家和下行知识距离较大的广大发展中国家进行合作;在地理网络拓展上,地理距离不再是阻碍合作的原因,但是对大部分中国企业而言尚不具备同时向多个国家和地区进行海外研发活动的能力;在组织网络拓展中,社会文化差异水平不是中国企业考虑的主要原因,但是合作的组织多样化水平比较低。

表 6-4 展示了各变量的相关系数,除了组织距离与地理距离两个自变量存在稍强的相关性(相关系数为 0.645,大于 0.5),其他的相关系数均较小,且都不大于 0.5,表明变量间不存在较强的相关性。此处继续使用方差膨胀因子(VIF)检验多重共线性,发现 VIF 值最高不超过 2.19,VIF 平均值为 1.44,均低于门槛值 10,表明变量之间不存在多重共线性。

表 6-3　各变量描述性统计

变量名		(1) 样本量	(2) 均值	(3) 标准差	(4) 最小值	(5) 最大值
自变量	组织距离	4396	2.242	1.517	0.589	9.656
	组织多样性	4396	0.273	0.550	−0.477	3.906
	知识距离	4327	3.675	0.261	1.498	4.424
	知识多样性	4396	1.275	0.663	−0.954	2.483
	地理距离	4396	3.641	0.348	2.980	11.98
	地理多样性	4396	0.371	0.380	0	2.017
因变量	托宾值	4396	1.930	2.228	0	92.11
调节变量	制度距离	4396	0.453	0.111	0.000866	0.645
中介变量	吸收能力	4396	0.512	0.438	−3.381	1.794
	学习能力	4396	0.240	0.203	0	0.953
控制变量	企业规模	4396	0.986	0.0284	0.867	1.093
	企业年龄	4396	1.154	0.188	0.301	1.705
	所属行业	4396	0.756	0.429	0	1
	产权性质	4396	0.589	0.492	0	1

二、回归结果分析

(一)随机效应的选择与检验

由于自变量中存在不随时间变化的"所属行业"控制变量,这一控制变量不随时间变化而变化,但能够对因变量造成影响,因此本书认为不存在组间个体间的固定效应;本书进一步分别对"学习能力协同路径"与"吸收能力协同路径"进行 LM 检验,依次判定对面板数据进行"随机效应"或"混合回归"。从表 6-5 和表 6-6 中的检验结果可见,均强烈拒绝"不存在个体随机效应"的原假设,因此选择"随机效应",用 FGLS 进行面板数据回归。

表 6-4　相关系数

变量	托宾值	组织距离	组织多样性	知识距离	知识多样性	地理距离	地理多样性	制度距离	吸收能力	学习能力	企业规模	企业年龄	产权性质	所属行业
组织距离	0.064***	1.000													
组织多样性	-0.049***	0.054***	1.000												
知识距离	0.031**	-0.211***	0.024	1.000											
知识多样性	-0.105***	0.077***	0.338***	0.082***	1.000										
地理距离	0.003	0.645***	0.073***	-0.266***	0.146***	1.000									
地理多样性	-0.079***	0.232***	0.171***	0.132***	0.272***	0.323***	1.000								
制度距离	0.077***	-0.031	0.094***	-0.145***	-0.132***	-0.092***	-0.168***	1.000							
吸收能力	0.002	0.056***	0.038**	-0.022	0.070***	0.044***	-0.020	0.007	1.000						
学习能力	0.135***	0.024	0.023	0.080***	0.135***	0.045***	0.099***	-0.014	-0.116***	1.000					
企业规模	-0.398***	0.018	0.213***	0.103***	0.449***	0.148***	0.390***	-0.133***	-0.055***	0.064***	1.000				

续表

变量	托宾值	组织距离	组织多样性	知识距离	知识多样性	地理距离	地理多样性	制度距离	吸收能力	学习能力	企业规模	企业年龄	产权性质	所属行业
企业年龄	-0.057***	-0.025*	0.059***	0.158***	0.080***	-0.006	0.090***	-0.126***	-0.077***	-0.004	0.171***	1.000		
产权性质	0.162***	0.020	-0.042***	-0.022	-0.180***	-0.020	-0.037***	0.024	0.039**	-0.055***	-0.427***	-0.210***	1.000	
所属行业	0.039***	0.040***	0.099***	-0.049***	0.159***	0.015	-0.081***	-0.056***	0.141***	-0.383***	-0.218***	-0.029*	0.129***	1.00

注：*** 表示在 1%概率水平下显著，** 表示在 5%概率水平下显著，* 表示在 10%概率水平下显著。

表 6-5　"学习能力协同路径"的 LM 检验

检验方法	χ^2	P 值	结论
条件 1 的 LM 检验	641.61	0.000	强烈拒绝"不存在个体随机效应"的原假设
条件 2 的 LM 检验	8700.22	0.000	强烈拒绝"不存在个体随机效应"的原假设
条件 3 的 LM 检验	538.62	0.000	强烈拒绝"不存在个体随机效应"的原假设
条件 4 的 LM 检验	531.58	0.000	强烈拒绝"不存在个体随机效应"的原假设

表 6-6　"吸收能力协同路径"的 LM 检验

检验方法	χ^2	P 值	结论
条件 1 的 LM 检验	641.61	0.000	强烈拒绝"不存在个体随机效应"的原假设
条件 2 的 LM 检验	2015.74	0.000	强烈拒绝"不存在个体随机效应"的原假设
条件 3 的 LM 检验	631.58	0.000	强烈拒绝"不存在个体随机效应"的原假设
条件 4 的 LM 检验	625.59	0.000	强烈拒绝"不存在个体随机效应"的原假设

（二）创新生态系统网络拓展过程与协同创新绩效关系的主效应检验

表 6-7 报告了创新生态系统异质性网络拓展和多样性网络拓展与协同创新绩效的关系，由 M1 和 M2 可见，组织距离（$\beta=0.063, p<0.1$）、知识多样性（$\beta=0.344, p<0.01$）、知识距离（$\beta=0.904, p<0.01$）、地理多样性（$\beta=0.459, p<0.01$）与协同创新绩效存在显著正向影响，假设检验 H1a（创新生态系统的组织异质性边界拓展有利于企业获得协同创新绩效）、H1b（创新生态系统的知识异质性网络拓展有利于企业获得协同创新绩效）、H2b（创新生态系统的知识多样性网络拓展有利于企业获得协同创新绩效）、H2c（创新生态系统的地理多样性网络拓展有利于企业获得协同创新绩效）得到验证，地理距离和组织多样性与协同创新绩效间的关系并不显著，拒绝假设 H1c（创新生态系统的地理异质性网络拓展不利于企业获得协同创新绩效）和 H2a（创新生态系统的组织多样性网络拓展有利于企业获得协同创新绩效）。

表 6-7　主效应检验回归结果分析

变量		托宾值					
		M1			M2		
		FGLS	MLE	robust	FGLS	MLE	robust
控制变量	企业规模	−35.695*** (−20.40)	−35.824*** (−20.96)	−35.695*** (−3.63)	−44.922*** (−22.30)	−45.089*** (−22.45)	−44.922*** (−3.75)
	企业年龄	1.386*** (5.94)	1.421*** (5.58)	1.386*** (3.91)	0.676*** (2.85)	0.699*** (3.02)	0.676*** (2.63)
	产权性质	−0.003 (−0.02)	−0.003 (−0.23)	−0.003 (−0.01)	−0.187* (−1.74)	−0.189* (0.20)	−0.187 (−0.61)
	所属行业	−0.294** (−2.53)	−0.295** (−2.54)	−0.294** (−1.99)	−0.438*** (−3.74)	−0.439*** (−3.83)	−0.438** (−2.52)
自变量	组织多样性				0.003 (0.04)	0.001 (−0.03)	0.003 (0.04)
	组织距离				0.063* (1.81)	0.062* (1.81)	0.063* (1.90)
	知识多样性				0.344*** (5.15)	0.347*** (5.18)	0.344*** (2.77)
	知识距离				0.904*** (7.07)	0.888*** (6.95)	0.904*** (4.52)
	地理多样性				0.459*** (3.99)	0.435*** (3.79)	0.459*** (2.92)
	地理距离				0.171 (1.20)	0.169 (1.18)	0.171 (1.35)
Wald/LR		472.99	426.67	114.51	617.17	552.35	147.07
N		4387	4387	4387	4387	4387	4387

注：t statistics in parentheses　* 表示 $p<0.1$，** 表示 $p<0.05$，*** 表示 $p<0.01$。

(三)学习能力协同路径与吸收能力协同路径的中介效应检验

依据 Baron 和 Kenny(1986)、Judd 和 Kenny(1981)、温忠麟等(2004)提出的中介变量检验方法，中介作用的检验应满足如下条件：第一，自变量与因变量显著相关；第二，自变量与中介变量显著相关；第三，若中介变量的作用显著,而自变量的作用不显著,为完全中介作用;若中介变量和自变量的作用同时显著,但自变量作用减弱,为部分中介作用。

在完成创新生态系统网络拓展过程与协同创新绩效关系的主效应检验时,通过 M1 和 M2,完成了学习能力和吸收能力中介效应中的第一个条件的检验。下面将进一步分别对"学习能力协同路径"和"吸收能力协同路径"中介效应的第二个和第三个条件进行验证。自变量、中介变量、因变量的回归分析见表 6-8、表 6-9。

学习能力协同路径的中介效应检验:为了进一步验证学习能力协同路径中介作用的第二个条件,将学习能力作为因变量进入 FGLS 回归,从 M4 可知,除了地理距离,其他 5 个自变量均与学习能力显著正相关。其中,组织距离($\beta=0.03, p<0.1$)、知识多样性($\beta=0.032, p<0.01$)、知识距离($\beta=0.075, p<0.01$)和地理多样性($\beta=0.061, p<0.01$)正向影响学习能力,组织多样性负向影响学习能力,由于组织多样性没有通过条件一的中介效应检验,因此同样忽略其对学习能力的影响。

进一步验证中介作用的第三个条件,组织距离对协同创新绩效的总效应是 0.063,直接效应是 0.061,在引入学习能力中介变量后,组织距离对协同创新绩效的影响作用由 0.063($p<0.1$)下降为 0.061($p<0.1$),表明学习能力在其中起到部分中介作用,组织距离通过学习能力对协同创新绩效发挥的间接效应是 0.032(1.067×0.03),中介效应为 50.81%;知识多样性对协同创新绩效的总效应是 0.344,直接效应是 0.287,在引入学习能力中介变量后,知识多样性对创新绩效的影响作用由 0.344($p<0.01$)下降为 0.287($p<0.01$),表明学习能力在其中起到部分中介作用,知识多样性通过学习能力对协同创新绩效发挥的间接效应是 0.034(1.067×0.032),中介效应为 9.92%;知识距离对协同创新绩效的总效应是 0.904,直接效应是 0.854,在引入学习能力中介变量后,知识距离对协同创新绩效的影响作用由 0.904($p<0.01$)下降为 0.854($p<0.01$),表明学习能力在其中起到部分中介作用,知识距离通过学习能力对协同创

表6-8　自变量与中介变量的回归分析

变量		学习能力						吸收能力					
		M3			M4			M5			M6		
		FGLS	MLE	robust	FGLS	MLE	robust	FGLS	MLE	robust	FGLS	MLE	robust
控制变量	企业规模	0.222*** (7.23)	0.225*** (7.29)	0.222*** (3.83)	0.143*** (4.35)	0.152*** (4.58)	0.143*** (2.36)	15.470*** (20.91)	15.467*** (20.82)	15.470*** (14.49)	13.141*** (15.94)	13.170*** (15.84)	13.141*** (11.99)
	企业年龄	0.209*** (8.74)	0.210*** (8.76)	0.209*** (5.35)	0.125*** (4.79)	0.128*** (4.87)	0.125*** (3.04)	0.094 (0.93)	0.098 (0.96)	0.094 (0.75)	−0.062 (−0.60)	−0.055 (−0.53)	−0.062 (−0.49)
	产权性质	−0.003 (−0.43)	−0.004 (−0.46)	−0.003 (−0.33)	0.022 (−0.11)	0.022 (−0.17)	0.022 (−0.11)	0.049 (0.90)	0.048 (0.88)	0.049 (1.06)	0.059 (1.11)	0.058 (1.08)	0.059 (1.24)
	所属行业	−0.173*** (−10.04)	−0.173*** (−9.67)	−0.173*** (−7.49)	−0.178*** (−10.75)	−0.177*** (−10.08)	−0.178*** (−7.79)	0.309*** (5.49)	0.309*** (5.46)	0.309*** (4.10)	0.251*** (4.55)	0.252*** (4.51)	0.251*** (3.24)
自变量	组织多样性				−0.025* (−1.69)	−0.026* (−1.75)	−0.025 (−1.23)				−0.068** (−2.52)	−0.068** (−2.54)	−0.068 (0.326)
	组织距离				0.030* (1.67)	0.030* (1.66)	0.030 (1.06)				0.014 (1.02)	0.014 (0.99)	0.014 (1.33)
	知识多样性				0.032*** (2.80)	0.030** (2.57)	0.032** (2.34)				0.155*** (5.90)	0.153*** (5.77)	0.155*** (5.47)
	知识距离				0.075*** (4.46)	0.073*** (4.42)	0.075*** (2.93)				0.073* (1.53)	0.059 (1.51)	0.073* (1.66)

续表

变量	学习能力						吸收能力					
	M3			M4			M5			M6		
	FGLS	MLE	robust	FGLS	MLE	robust	FGLS	MLE	robust	FGLS	MLE	robust
自变量 地理多样性				0.061*** (4.97)	0.060*** (4.92)	0.061*** (3.11)				0.082* (1.82)	0.081* (1.79)	0.082** (2.24)
自变量 地理距离				−0.054 (−0.96)	−0.055 (−0.98)	−0.054 (−1.25)				0.060 (1.12)	0.059 (1.12)	0.060** (2.01)
Wald/LR	443.49	422.61	422.61	510.94	480.37	206.11	533.38	478.35	248.89	510.94	526.25	360.70
N	4387	4387	4387	4387	4387	4387	4387	4387	4387	4387	4387	4387

注：*t* statistics in parentheses。* 表示 $p<0.1$，** 表示 $p<0.05$，*** 表示 $p<0.01$。

表6-9 自变量、中介变量、因变量的回归分析

托宾值

变量		M2 FGLS	M2 MLE	M2 robust	M7 FGLS	M7 MLE	M7 robust	M8 FGLS	M8 MLE	M8 robust
控制变量	企业规模	-44.922*** (-22.30)	-45.089*** (-22.45)	-44.922*** (-3.75)	-43.637*** (-22.04)	-43.868*** (-22.02)	-43.637*** (-3.69)	-45.747*** (-23.43)	-45.889*** (3.64)	-45.747*** (-4.18)
	企业年龄	0.676*** (2.85)	0.699*** (3.02)	0.676*** (2.63)	0.613*** (2.65)	0.639*** (2.84)	0.613* (2.47)	0.736*** (3.14)	0.755*** (3.11)	0.736*** (2.36)
	产权性质	-0.187* (-1.74)	-0.189* (0.20)	-0.187 (-0.61)	-0.176* (-1.69)	-0.179* (-1.91)	-0.176 (-0.59)	0.010 (0.08)	0.011 (0.09)	0.010 (0.08)
	所属行业	-0.438*** (-3.74)	-0.439*** (-3.83)	-0.438* (-2.52)	-0.221* (-1.80)	-0.225* (-0.06)	-0.221 (-0.97)	-0.490*** (-4.20)	-0.491*** (-4.17)	-0.490* (-2.55)
中介变量	学习能力				1.067*** (4.67)	1.053*** (4.56)	1.067** (2.55)			
	吸收能力							0.169*** (4.19)	0.169*** (4.18)	0.169** (2.18)
自变量	组织多样性	0.003 (0.04)	0.001 (-0.03)	0.003 (0.04)	0.006 (0.08)	0.004 (0.01)	0.006 (0.08)	0.008 (0.12)	0.007 (0.10)	0.008 (0.11)
	组织距离	0.063* (1.81)	0.062* (1.81)	0.063* (1.90)	0.061* (1.80)	0.062* (1.80)	0.061* (1.83)	0.061* (1.77)	0.061* (1.75)	0.061* (1.90)

续表

变量		托宾值								
		M2			M7			M8		
		FGLS	MLE	robust	FGLS	MLE	robust	FGLS	MLE	robust
自变量	知识多样性	0.344*** (5.15)	0.347*** (5.18)	0.344*** (2.77)	0.287*** (4.28)	0.293*** (4.33)	0.287** (2.07)	0.315*** (4.68)	0.315*** (4.68)	0.315*** (2.78)
	知识距离	0.904*** (7.07)	0.888*** (6.95)	0.904*** (4.52)	0.854*** (6.69)	0.857*** (6.56)	0.854*** (4.18)	0.871*** (6.82)	0.873*** (6.84)	0.871*** (4.86)
	地理多样性	0.459*** (3.99)	0.435*** (3.79)	0.459*** (2.92)	0.413*** (3.63)	0.418*** (3.41)	0.413*** (2.60)	0.413*** (3.63)	0.417*** (3.64)	0.413*** (3.48)
	地理距离	0.171 (1.20)	0.169 (1.18)	0.171 (1.35)	0.167 (1.18)	0.166 (1.16)	0.167 (1.27)	0.159 (1.12)	0.158 (1.11)	0.159 (1.31)
Wald/LR		617.17	552.35	147.07	648.52	572.3	187.28	632.02	564.09	64.17

注:t statistics in parentheses * 表示 $p < 0.1$,** 表示 $p < 0.05$,*** 表示 $p < 0.01$。

新绩效发挥的间接效应是 0.08（1.067×0.075），中介效应为 9.37％；地理多样性对创新绩效的总效应是 0.459，直接效应是 0.413，在引入学习能力中介变量后，地理多样性对协同创新绩效的影响作用由 0.459（$p<0.01$）下降为 0.413（$p<0.01$），表明学习能力在其中起到部分中介作用，地理多样性通过学习能力对协同创新绩效发挥的间接效应是 0.03（1.067×0.061），中介效应为 14.18％。

吸收能力协同路径的中介效应检验：为了进一步验证中介作用的第二个条件，现将吸收能力作为因变量进入 FGLS 回归，组织多样性与学习能力的关系虽然显著，但是由于没有通过中介条件一的检验，此处不予讨论，知识多样性（$\beta=0.155,p<0.01$）、知识距离（$\beta=0.073,p<0.01$）、地理多样性（$\beta=0.082,p<0.01$）均正向影响因素的吸收能力。

进一步验证中介作用的第三个条件，组织距离对协同创新绩效的总效应是 0.063，直接效应是 0.061，在引入吸收能力中介变量后，组织距离对创新绩效的影响作用由 0.063（$p<0.1$）下降为 0.061（$p<0.1$），表明吸收能力在其中起到部分中介作用，组织距离通过吸收能力对创新绩效发挥的间接效应是 0.002（0.169×0.014），中介效应为 3.17％；知识多样性对创新绩效的总效应是 0.344，直接效应是 0.287，在引入吸收能力中介变量后，知识多样性对创新绩效的影响作用由 0.344（$p<0.01$）下降为 0.315（$p<0.01$），表明吸收能力在其中起到部分中介作用，知识多样性通过吸收能力对创新绩效发挥的间接效应是 0.026（0.169×0.155），中介效应为 7.56％；知识距离对创新绩效的总效应是 0.904，直接效应是 0.854，在引入吸收能力中介变量后，知识距离对创新绩效的影响作用由 0.904（$p<0.01$）下降为 0.871（$p<0.01$），表明吸收能力在其中起到部分中介作用，知识距离通过学习能力对创新绩效发挥的间接效应是 0.012（0.169×0.073），中介效应为 1.32％；地理多样性对创新绩效的总效应是 0.459，直接效应是 0.413，在引入学习能力中介变量后，地理多样性对创新绩效的影响作用由 0.459（$p<0.01$）下降为 0.413（$p<0.01$），表明学

习能力在其中起到部分中介作用,地理多样性通过学习能力对创新绩效发挥的间接效应是 0.014(0.169×0.082),中介效应为 3.05%。

中介效应的初步验证结果:综上可初步得出结论,即在没有其他因素影响的情况下,学习能力中介效应协同路径和吸收能力中介效应协同路径存在。企业在国际化过程中,组织边界异质性拓展(组织距离)和知识边界异质性拓展(知识距离)除了直接促进创新绩效,通过学习能力和吸收能力的提升,间接促进创新绩效,且学习能力的协同效应大于吸收能力的协同效应;知识多样性拓展(知识多样性)和地理多样性拓展(地理多样性),除了直接促进创新绩效,通过学习能力和吸收能力的提升,间接促进创新绩效。假设 H3a、H3b、H4a、H4b、H5b、H5c、H6b、H6c 得到初步验证,假设 H3c、H4c、H5a、H5b 初步被拒绝。

(四)制度距离的调节效应检验

上文已经初步验证学习能力和吸收能力的中介效应,下面需要分析在制度距离调节变量存在的情况下,这两条协同路径是否仍然存在,以及制度距离调节变量是如何通过这两条协同路径影响创新绩效的。

制度距离在创新生态系统网络拓展过程与创新绩效间发挥调节作用的机制有三条:第一条是制度距离在异质性网络拓展和多样性网络拓展与创新绩效间发挥直接的调节效应(H7a 和 H7b),第二条是制度距离通过调节异质性和多样性网络拓展过程与学习能力和吸收能力的关系进而影响创新绩效(H7c、H7d、H7e、H7f),第三条是制度距离通过调节学习能力和吸收能力与创新绩效间的关系发挥调节作用(H7g、H7h)。

温忠麟、张雷和侯杰泰(2006)提出,如果调节变量 U 影响中介变量 W,而中介变量 W 影响因变量 Y,说明调节效应(至少部分地)通过中介变量 W 而起作用,称这样的调节变量是有中介的调节变量(mediated moderator);如果调节变量 U 不是因变量 Y 与自变量 X 关系的调节变量,而是因变量 Y 与中介变量 W 关系的调节变量,说明经过 W 的中介效应受到调节变量 U

的影响,称 W 为有调节的中介（moderated mediator）。据此,制度距离在创新生态系统网络拓展过程与协同创新绩效间的调节作用如图 6-2 所示。

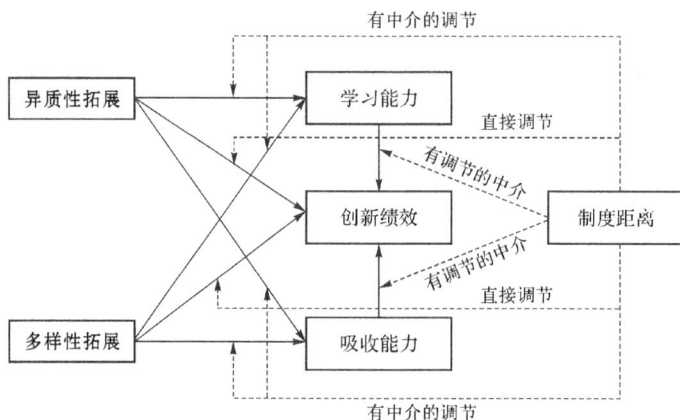

图 6-2　制度距离发挥潜在调节作用的示意

直接调节效应的检验：$M1$、$M2$ 和 $M9$ 显示,调节变量（$\beta=0.653$,$p<0.1$）在异质性网络拓展与协同创新绩效、多样性网络拓展与协同创新绩效间直接的调节效用存在,假设 H7a 制度距离对创新生态系统异质性网络拓展与企业协同创新绩效有直接调节作用和 H7b 制度距离对创新生态系统多样性网络拓展与企业协同创新绩效有直接调节作用,得到验证。

有中介的调节效应检验：温忠麟、张雷和侯杰泰（2006）对"有中介的调节变量"的判断有三个条件,第一个条件为"做 Y（因变量）对 X（自变量）、U（调节变量）和 UX（调节变量与自变量的交互项）的回归,UX 交互项的系数显著",第二个条件为做 W 对 X、U 和 UX 的回归,UX 的系数显著;第三个条件是做 Y 对 X、U、UX 和 W 的回归 ,W 的系数显著。如果在第三个条件中,UX 的系数不显著,则 U 的调节效应完全通过中介变量 W 而起作用。

从表 6-10 中 $M10—M15$ 可见,制度距离与自变量的交互项均不显著,无法满足有中介的调节效应检验的第一个条件,因此拒绝了制度距离"有中介的调节变量"的属性,拒绝了假设 H7c、H7d、H7e、H7f。

表6-10　有中介的调节作用回归分析

因变量:托宾值

变量名		M1	M2	M9	M10	M11	M12	M13	M14	M15
控制变量	企业规模	-35.695*** (-20.40)	-44.922*** (-22.30)	-43.458*** (-22.97)	-43.466*** (-22.97)	-43.493*** (-22.96)	-43.322*** (-22.80)	-43.499*** (-22.98)	-43.498*** (-22.97)	-43.586*** (-23.00)
	企业年龄	1.386*** (5.94)	0.676*** (2.85)	0.753*** (3.19)	0.756*** (3.20)	0.759*** (3.21)	0.747*** (3.16)	0.774*** (3.27)	0.765*** (3.23)	0.754*** (3.19)
	产权性质	-0.003 (-0.02)	-0.187* (-1.74)	0.016 (0.13)	0.016 (0.12)	0.016 (0.13)	0.018 (0.14)	0.014 (0.11)	0.021 (0.16)	0.014 (0.11)
	所属行业	-0.294* (-2.53)	-0.438*** (-3.74)	-0.438*** (-3.74)	-0.439*** (-3.75)	-0.437*** (-3.74)	-0.440*** (-3.76)	-0.432*** (-3.69)	-0.433*** (-3.70)	-0.440*** (-3.76)
自变量	组织多样性		0.003 (0.04)	0.002 (0.04)	0.012 (0.16)	0.002 (0.03)	0.002 (0.03)	-0.003 (-0.04)	-0.001 (-0.02)	0.002 (0.02)
	组织距离		0.063* (1.81)	0.064* (1.84)	0.063* (1.83)	0.060* (1.66)	0.062* (1.79)	0.064* (1.86)	0.060* (1.72)	0.033 (0.79)
	知识多样性		0.344*** (5.15)	0.350*** (5.24)	0.350*** (5.22)	0.351*** (5.24)	0.350*** (5.24)	0.352*** (5.26)	0.356*** (5.31)	0.354*** (5.28)
	知识距离		0.904*** (7.07)	0.914*** (7.09)	0.910*** (7.05)	0.912*** (7.07)	0.915*** (7.10)	0.902*** (6.98)	0.922*** (7.15)	0.931*** (7.19)
	地理多样性		0.459*** (3.99)	0.450*** (3.93)	0.449*** (3.92)	0.453*** (3.94)	0.454*** (3.96)	0.453*** (3.95)	0.471*** (4.07)	0.436*** (3.79)

续表

因变量:托宾值

变量名		M1	M2	M9	M10	M11	M12	M13	M14	M15
自变量	地理距离	0.171 (1.20)	0.182 (1.27)	0.181 (1.27)	0.181 (1.27)	0.187 (1.31)	0.186 (1.30)	0.191 (1.33)		0.349* (1.81)
	制度距离			0.653* (1.71)	0.639* (1.67)	0.651* (1.70)	0.665* (1.74)	0.670* (1.75)	0.820** (2.04)	0.704* (1.83)
	制度距离*组织距离				0.406 (0.74)					
	制度距离*组织多样性					0.096 (0.37)				
调节变量	制度距离*知识多样性						0.469 (0.97)			
	制度距离*知识距离							1.624 (1.39)		
	制度距离*地理多样性								1.357 (1.38)	
	制度距离*地理距离									1.266 (1.28)
Wald		472.99	617.17	615.24	615.10	615.83	615.78	616.95	616.68	616.94

注 t statistics in parentheses. * 表示 $p<0.1$, ** 表示 $p<0.05$, *** 表示 $p<0.01$。

表6-11　有调节的中介作用检验的回归分析

变量		托宾值 M9	学习能力 M16	吸收能力 M17	托宾值 M18	M19	M20	M21
控制变量	企业规模	-43.458*** (-22.97)	0.145*** (4.35)	13.173*** (15.98)	-42.150*** (-22.67)	-45.514*** (-23.32)	-41.909*** (-22.53)	-45.653*** (-23.40)
	企业年龄	0.753*** (3.19)	0.135*** (4.73)	-0.053 (-0.51)	0.695*** (3.01)	0.772*** (3.28)	0.713*** (3.09)	0.765*** (3.25)
	产权性质	0.016 (0.13)	0.023 (-0.11)	0.058 (1.09)	-0.019 (-0.15)	0.002 (0.02)	-0.018 (-0.15)	0.001 (0.01)
	所属行业	-0.438*** (-3.74)	-0.170*** (-10.73)	0.253*** (4.60)	-0.216* (-1.76)	-0.477*** (-4.09)	-0.215* (-1.76)	-0.477*** (-4.09)
自变量	组织多样性	0.002 (0.04)	-0.005* (-1.69)	-0.067*** (-2.50)	0.006 (0.09)	0.012 (0.17)	0.005 (0.07)	0.002 (0.03)
	组织距离	0.064* (1.84)	0.031* (1.67)	0.014 (1.02)	0.062* (1.83)	0.061* (1.78)	0.060* (1.77)	0.060* (1.75)
	知识多样性	0.350*** (5.24)	0.030*** (2.80)	0.156*** (5.93)	0.294*** (4.37)	0.318*** (4.73)	0.295*** (4.40)	0.315*** (4.69)
	知识距离	0.914*** (7.09)	0.075*** (4.43)	0.078* (1.62)	0.865*** (6.72)	0.897*** (6.97)	0.861*** (6.69)	0.905*** (7.03)
	地理多样性	0.450*** (3.93)	0.065*** (4.94)	0.087* (1.91)	0.404*** (3.56)	0.431*** (3.77)	0.406*** (3.58)	0.436*** (3.82)

续表

	变量	托宾值	学习能力	吸收能力	托宾值			
		M9	M16	M17	M18	M19	M20	M21
自变量	地理距离	0.182	−0.053	0.061	0.180	0.171	0.196	0.175
		(1.27)	(−0.96)	(1.15)	(1.27)	(1.20)	(1.38)	(1.23)
中介变量	学习能力				1.087***		−0.588	
					(4.76)		(−0.66)	
	吸收能力					0.168***		0.016
						(4.16)		(0.18)
	制度距离	0.653*	0.001	0.130	0.708*	0.619	−0.075	−2.421
		(1.71)	(0.00)	(0.81)	(1.88)	(1.62)	(−0.14)	(−1.48)
调节变量	制度距离×学习能力						3.626*	
							(1.96)	
	制度距离×吸收能力							0.395*
								(1.91)
	Wald	615.24	510.78	610.56	654.9	636.43	660.22	641.23

注: t statistics in parentheses。* 表示 $p < 0.1$，** 表示 $p < 0.05$，*** 表示 $p < 0.01$。

有调节的中介效应检验：温忠麟、张雷和侯杰泰(2006)提出用有调节的中介效应检验考虑 X 对 Y 的影响时，W 仍然是中介变量。但 U 不是 Y 与 X 关系的调节变量，而是 Y 与 W 关系的调节变量，即经过 W 的中介效应受到 U 的影响。有调节的中介作用检验的回归分析见表 6-11。检验有调节的中介效应时，先检验中介效应，后检验调节效应，具体步骤如下：

步骤一：做 Y 对 X 和 U 的回归，X 的系数显著；

步骤二：做 W 对 X 和 U 的回归，X 的系数显著；

步骤三：做 Y 对 X、U 和 W 的回归，W 的系数显著；

步骤四：做 Y 对 X、U、W 和 UW 的回归，UW 的系数显著。

下面将根据以上四个步骤进行面板数据的 FGLS 随机效应检验，检验制度距离是否具有有调节的中介效应。

第一步，做因变量 Y 对自变量 X 与调节变量 U 的回归，调节变量加入后的 $M9$ 显示的自变量显著性检验结果与调节变量尚未加入时的 $M2$ 保持一致，组织距离($\beta=0.064$，$p<0.1$)、知识多样性($\beta=0.35$，$p<0.01$)、知识距离($\beta=0.914$，$p<0.01$)、地理多样性($\beta=0.45$，$p<0.01$)在制度距离调节下，对协同创新绩效有正向影响作用，组织多样性与地理距离在制度距离调节下，与协同创新绩效的关系并不显著。

第二步，分别做学习能力、吸收能力中介变量对自变量和调节变量的回归；$M16$ 显示，组织距离($\beta=0.031$，$p<0.1$)、知识多样性($\beta=0.03$，$p<0.01$)、知识距离($\beta=0.075$，$p<0.01$)、地理多样性($\beta=0.065$，$p<0.01$)在制度距离调节下，对学习能力有正向影响作用，此处的组织多样性虽然在 0.1 水平下显著，但是由于在步骤一中不显著，因此仍然不做考虑；$M17$ 显示，知识距离($\beta=0.078$，$p<0.1$)、知识多样性($\beta=0.156$，$p<0.01$)和地理多样性($\beta=0.087$，$p<0.1$)在制度距离调节下，对吸收能力有正向影响作用，此处的组织多样性虽然在 0.01 水平下显著，但是由于在步骤一中不显著，同样不做考虑。

第三步，分别做因变量协同创新绩效对自变量、调节变量和两个中介变量的回归。M18 显示学习能力（$\beta = 1.087, p < 0.01$）中介变量显著，M19 显示吸收能力（$\beta = 0.168, p < 0.01$）中介变量显著。

到此，进一步验证了在制度距离调节变量存在的情况下，学习能力和吸收能力的中介效应依然显著。至此可得，H3a（创新生态系统的组织异质性拓展通过企业学习能力影响企业协同创新绩效）、H3b（创新生态系统的知识异质性拓展通过企业学习能力影响企业协同创新绩效）、H4b（创新生态系统的知识多样性拓展通过企业学习能力影响企业协同创新绩效）、H5b（创新生态系统的知识异质性拓展通过企业吸收能力影响企业协同创新绩效）、H5c（创新生态系统的地理异质性拓展通过企业吸收能力影响企业协同创新绩效）、H6b（创新生态系统的知识多样性拓展通过企业吸收能力影响企业协同创新绩效）、H6c（创新生态系统的地理多样性拓展通过企业吸收能力影响企业协同创新绩效）得到验证，假设 H3c、H4a、H4c、H5a、H6a 被拒绝。

下面继续讨论制度距离有调节的中介效应是否存在的第四个步骤。做因变量协同创新绩效对自变量、调节变量、中介变量和调节变量与中介变量交互项的回归，M20 显示"制度距离 * 学习能力"（$\beta = 3.626, p < 0.1$），"制度距离 * 吸收能力"（$\beta = 0.395, p < 0.1$）显著。因此，制度距离通过学习能力和吸收能力中介变量发挥调节作用的假设得到验证，假设 H7g（制度距离在学习能力与协同创新绩效间起调节作用）、H7h（制度距离在吸收能力与协同创新绩效间起调节作用）得到验证。

综上，调整后本章节的理论预设模型，确认中国企业海外研发协同创新绩效的影响机制模型见图 6-3。

在创新生态系统异质性网络拓展过程中，地理距离对协同创新绩效的直接影响和间接影响不显著，这与前人的研究结果不同，说明在信息技术快速发展的今天，地理距离对企业开展国际化活动的影响已经大大降低；同时组织多样性对协同创新绩效的直接和间接影响不显著，说明合作伙伴的组织类型的多或少并不影响协同创新绩效的产生;同时,在创新生态系统网络拓展过程对协同创新绩效的影响机制中,吸收能力和学习能力都发挥了中介作用,且学习能力的中介作用强于吸收能力;制度距离调节了学习能力和吸收能力对协同创新绩效的影响,且对学习能力的调节作用强于对吸收能力的调节作用。企业海外研发协同创新绩效的影响机制是一种有调节的中介作用的影响机制。

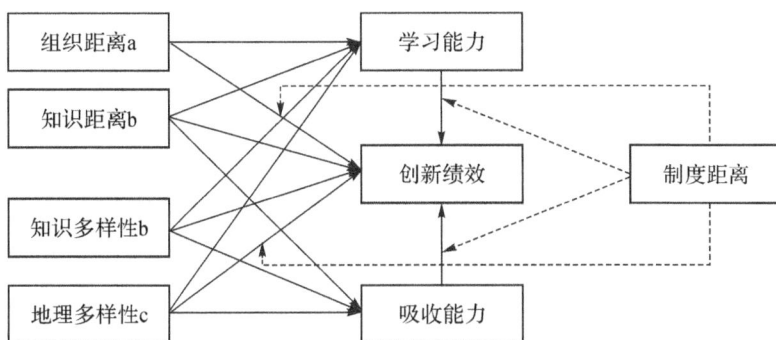

图 6-3 创新生态系统网络拓展协同绩效影响机制理论模型

(五)民营企业海外研发协同创新绩效的影响机制

本书对样本中的 370 家民营企业进行面板数据的回归分析,进行了直接效应、中介效应和调节效应的检验,回归检验结果报告见表 6-12、表 6-13。从中发现民营企业海外研发协同创新绩效的影响机制有其独有的特点,具体的影响机制模型见图 6-4。

组织距离退出了民营企业海外研发协同创新绩效影响机制,知识距离、知识多样性和地理多样性是其协同创新绩效的影响因素,民营企业的创新生态系统知识拓展协同水平和是否能够向多个国家和地区拓展是其协同创新绩效的主要影响因素。这说明民营企业在其海外研发过程中对知识层面的探索学习水平,以及对潜在海外市场的开发利用水平的追求显得更为重要。

表6-12　有调节的中介作用检验(民营企业)的回归分析

变量		托宾值 M22	学习能力 M23	吸收能力 M24	托宾值 M25	M26	M27	托宾值 M28
控制变量	企业规模	-43.088***	0.531***	13.053***	-41.493***	-45.113***	-41.171***	-45.343***
	企业年龄	0.819***	0.069***	-0.057	0.778***	0.846***	0.801***	0.836***
	所属行业	-0.408***	-0.177***	0.278***	-0.140	-0.451***	-0.138	-0.452***
	组织多样性	0.010	-0.003	-0.094***	0.007	0.023	0.007	0.013
自变量	组织距离	0.066*	0.003	0.016	0.069*	0.063*	0.065*	0.061*
	知识多样性	0.369***	0.008***	0.155***	0.303***	0.335***	0.305***	0.330***
	知识距离	0.940***	0.020***	0.096*	0.889***	0.920***	0.883***	0.929***
	地理多样性	0.191***	0.035***	0.098**	0.369***	0.406***	0.366***	0.415***
	地理距离	0.427	-0.007	0.064	0.178	0.178	0.207	0.185

续表

变量	托宾值	学习能力	吸收能力	托宾值			
	M22	M23	M24	M25	M26	M27	M28
中介变量　学习能力				1.229***		1.186***	
吸收能力					0.168***		0.203***
制度距离	0.849**	0.002	0.142	0.900**	0.806**	1.050***	0.936**
调节变量　制度距离 * 学习能力						4.907**	
制度距离 * 吸收能力							0.463**
N	3780	3780	3780	3780	3780	3780	3780

153

表6-13 有调节的中介作用的聚类稳健标准误检验和MLE检验

变量	M9 托宾值	M16 学习能力	M17 吸收能力	M18 托宾值	M19	M20	M21
			vce cluster robust 检验	托宾值			
控制变量							
企业规模	-43.458*** (-4.27)	0.602** (2.36)	13.173*** (11.83)	-42.150*** (-4.20)	-45.514*** (-4.18)	-41.909*** (-4.17)	-45.653*** (-23.40)
企业年龄	0.753** (2.45)	0.085*** (3.05)	-0.053 (-0.42)	0.695** (2.34)	0.772** (2.48)	0.713** (2.42)	0.765*** (3.25)
产权性质	0.016 (0.13)	-0.001 (-0.09)	0.058 (1.23)	-0.019 (-0.14)	0.002 (0.02)	-0.018 (-0.14)	0.001 (0.01)
所属行业	-0.438*** (-2.40)	-0.170*** (-7.80)	0.253*** (3.23)	-0.216 (-0.90)	-0.477** (-2.48)	-0.215 (-0.90)	-0.477*** (-4.09)
自变量							
组织多样性	0.002 (0.03)	-0.005 (-1.23)	-0.067 (-0.98)	0.006 (0.08)	0.012 (0.16)	0.005 (0.06)	0.002 (0.03)
组织距离	0.064* (1.95)	0.003 (1.06)	0.014 (1.34)	0.062* (1.88)	0.061* (1.91)	0.060* (1.81)	0.060* (1.75)
知识多样性	0.350*** (2.81)	0.009** (2.34)	0.156*** (5.46)	0.294** (2.11)	0.318*** (2.82)	0.295** (2.13)	0.315*** (4.69)
知识距离	0.914*** (4.94)	0.024*** (2.96)	0.078* (1.53)	0.865*** (4.57)	0.897*** (5.01)	0.861*** (4.53)	0.905*** (7.03)

续表

vce cluster robust 检验

		变量	托宾值 M9	学习能力 M16	吸收能力 M17	托宾值 M18	M19	M20	M21
自变量		地理多样性	0.450*** (3.67)	0.029*** (3.08)	0.087** (2.14)	0.404*** (3.25)	0.431*** (3.68)	0.406*** (3.29)	0.436*** (3.82)
		地理距离	0.182 (1.41)	−0.006 (−1.25)	0.061** (2.03)	0.180 (1.34)	0.171 (1.37)	0.196 (1.49)	0.175 (1.23)
中介变量		学习能力				1.087*** (2.60)		−0.588 (−0.88)	
		吸收能力					0.168** (2.15)		0.016 (0.18)
		制度距离	0.653** (2.48)	0.000 (0.00)	0.130 (0.43)	0.708*** (2.70)	0.619** (2.32)	−0.075 (−0.18)	−2.421 (−1.48)
调节变量		制度距离 * 学习能力						3.626** (2.22)	
		制度距离 * 吸收能力							0.395* (1.91)
		Wald	64.96	207.45	403.53	192.68	71.35	204.58	641.23

续表

变量		托宾值 M9	学习能力 M16	吸收能力 M17	托宾值 M18	M19	M20	M21
				MLE 估计	vce cluster robust 检验			
控制变量	企业规模	-43.606*** (-22.36)	0.642*** (4.58)	13.204*** (15.87)	-42.341*** (-21.91)	-45.656*** (-22.75)	-42.090*** (-21.80)	-45.800*** (-22.83)
	企业年龄	0.773*** (3.16)	0.087*** (4.81)	-0.046 (-0.43)	0.717*** (3.00)	0.791*** (3.25)	0.734*** (3.08)	0.784*** (3.23)
	产权性质	0.018 (0.14)	-0.001 (-0.18)	0.057 (1.06)	-0.016 (-0.13)	0.004 (0.03)	-0.016 (-0.13)	0.003 (0.02)
	所属行业	-0.439*** (-3.73)	-0.169*** (-10.08)	0.254*** (4.56)	-0.220* (-1.78)	-0.478*** (-4.07)	-0.219* (-1.77)	-0.478*** (-4.07)
自变量	组织多样性	0.001 (0.02)	-0.006* (-1.75)	-0.068** (-2.52)	0.005 (0.07)	0.011 (0.15)	0.003 (0.05)	0.001 (0.02)
	组织距离	0.063* (1.82)	0.003 (1.66)	0.014* (1.01)	0.062* (1.81)	0.061* (1.76)	0.060* (1.75)	0.060* (1.73)
	知识多样性	0.350*** (5.23)	0.008** (2.57)	0.154*** (5.79)	0.295*** (4.37)	0.318*** (4.73)	0.297*** (4.40)	0.315*** (4.69)
	知识距离	0.915*** (7.11)	0.024*** (4.40)	0.077 (1.60)	0.867*** (6.74)	0.898*** (6.99)	0.863*** (6.71)	0.906*** (7.05)

续表

vce cluster robust 检验

变量		托宾值 M9	学习能力 M16	吸收能力 M17	托宾值 M18	M19	M20	M21
自变量	地理多样性	0.453*** (3.93)	0.028*** (4.89)	0.086* (1.87)	0.408*** (3.57)	0.435*** (3.78)	0.410*** (3.59)	0.439*** (3.82)
	地理距离	0.180 (1.26)	-0.006 (-0.98)	0.060 (1.14)	0.178 (1.25)	0.169 (1.19)	0.194 (1.36)	0.173 (1.22)
中介变量	学习能力				1.075*** (4.63)		-0.593 (-0.67)	
	吸收能力					0.167*** (4.15)		0.016 (0.18)
调节变量	制度距离	0.646* (1.68)	0.001 (0.05)	0.124 (0.77)	0.699* (1.85)	0.612 (1.60)	-0.080 (-0.15)	-2.418 (-1.48)
	制度距离 * 学习能力						3.611* (1.95)	
	制度距离 * 吸收能力							0.394* (1.91)
Wald		64.96	207.45	403.53	192.68	71.35	204.58	641.23

157

在学习能力路径和吸收能力影响路径上,民营企业学习能力的中介作用加强了,而吸收能力的中介作用基本维持不变;这说明,在民营企业海外研发过程中,应该注重企业学习能力和吸收能力的培养,特别是需要加强企业的学习能力。

同时,制度距离对中介变量和因变量的调节作用也加强了,特别是对学习能力的调节作用有了较大的提升。这说明东道国的制度水平高低对民营企业是否能顺利完成海外研发活动,以及获得多大的协同创新绩效有着更为重要的作用。

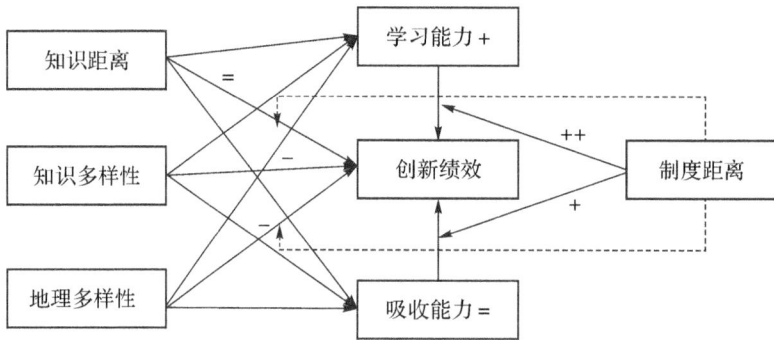

图 6-4　中国民营企业海外研发协同创新绩效影响机制

(六)稳健性检验

除了用 FGLS 进行随机效应检验,进行聚类稳健标准误(vce cluster robust),在个别变量的显著性水平上有小幅变化,Wald 值更小,检验结果与 FGLS 保持一致。同时,还对学习能力中介效应进行了 MLE 估计,结果与 FGLS 非常相近。聚类稳健标准误和 MLE 估计值见上文相关回归分析及表 6-12 和表 6-13,这里不再赘述。

三、回归结果讨论

第一,总体而言,研发国际化中的知识异质性、知识多样性、组织异质性和地理多样性网络拓展均有利于企业获得协同创新绩效,而研发国际化中的地理距离和组织多样性与企业协同创新绩效间不存在显著的相关关系。这说明企业在创新生态系统知识边界拓展时,尽可能地扩大知识搜索范围,获得与现有知识距离较大的新知识,同时,进行跨学科、跨技术和跨知识的合作交流,有利于企业在国际研发中获取更高的效益。在创新生态系统地理边界拓展上,由于信息技术的发展,由地理距离产生的沟通成本和障碍不断减少,因此,企业需要从以往关注的地理距离转向地理多样性,通过与更多国家或地区的研发合作,分摊国际化风险和管理成本,获取更大范围的知识搜索,提高企业协同创新绩效。在创新生态系统组织边界拓展维度,企业在研发国际化时,与其关注其与更多数量的系统成员合作,不如聚焦于其与更多类型的系统成员合作,这样更有利于获取较好的国际研发绩效。对民营企业而言,在其海外研发过程中需要向更多数量的国家和地区进行探索学习和开发利用的双元知识搜索,知识边界拓展是其国际化中的主要目标。

第二,在企业海外研发网络拓展的作用机制方面,研发国际化中的知识异质性、知识多样性、组织异质性和地理多样性网络拓展,均能够通过学习能力中介效应协同路径和吸收能力中介效应协同路径影响企业协同创新绩效,且学习能力中介效应强于吸收能力。因此,对企业来说,提升组织学习能力和吸收能力,对企业海外研发活动顺利进行,以及获得相应协同创新绩效有非常重要的影响。对民营企业而言,提升学习能力比吸收能力更为重要。

第三,制度距离与学习能力和吸收能力一起,在企业研发国际化网络拓展对协同创新绩效的影响机制中发挥有调节的中介作用。制度距离通过影响两条中介路径与协同创新绩效的关系调节了企业海外研发网络拓展与协同创新绩效的关系,进一步验证了制度距离在企业研发国际化活动中的重要作用。对民营企业而言,东道国的制度水平高低对企业是否能顺利完成海外研发活动,以及获得多大的协同创新绩效,有着更为重要的作用。假设检验的结果归纳见表6-14。

表 6-14　创新生态系统网络拓展过程对协同创新绩效影响机制的假设检验总结

	编号	假设	结果
主效应	H1a	研发国际化中的创新生态系统组织异质性网络拓展与企业协同创新绩效正相关	接受
	H1b	研发国际化中的创新生态系统知识异质性网络拓展与企业协同创新绩效正相关	接受
	H1c	研发国际化中的创新生态系统地理异质性网络拓展与企业协同创新绩效负相关	拒绝
	H2a	研发国际化中的创新生态系统组织多样性网络拓展与企业协同创新绩效正相关	拒绝
	H2b	研发国际化中的创新生态系统知识多样性网络拓展与企业协同创新绩效正相关	接受
	H2c	研发国际化中的创新生态系统地理多样性网络拓展与企业协同创新绩效正相关	接受
有调节的中介	H3a	研发国际化中的创新生态系统组织异质性拓展通过企业学习能力影响企业创新绩效	接受
	H3b	研发国际化中的创新生态系统知识异质性拓展通过企业学习能力影响企业创新绩效	接受
	H3c	研发国际化中的创新生态系统地理异质性拓展通过企业学习能力影响企业创新绩效	拒绝
	H4a	研发国际化中的创新生态系统组织多样性拓展通过企业学习能力影响企业创新绩效	拒绝
	H4b	研发国际化中的创新生态系统知识多样性拓展通过企业学习能力影响企业创新绩效	接受
	H4c	研发国际化中的创新生态系统地理多样性拓展通过企业学习能力影响企业创新绩效	拒绝
	H5a	研发国际化中的创新生态系统组织异质性拓展通过企业吸收能力影响企业创新绩效	拒绝
	H5b	研发国际化中的创新生态系统知识异质性拓展通过企业吸收能力影响企业创新绩效	接受
	H5c	研发国际化中的创新生态系统地理异质性拓展通过企业吸收能力影响企业创新绩效	接受

编号		假设	结果
有调节的中介	H6a	研发国际化中的创新生态系统组织多样性拓展通过企业吸收能力影响企业创新绩效	拒绝
	H6b	研发国际化中的创新生态系统知识多样性拓展通过企业吸收能力影响企业创新绩效	接受
	H6c	研发国际化中的创新生态系统地理多样性拓展通过企业吸收能力影响企业创新绩效	接受
直接调节	H7a	制度距离对创新生态系统异质性网络拓展与企业协同创新绩效有直接调节作用	接受
	H7b	制度距离对创新生态系统多样性网络拓展与企业协同创新绩效有直接调节作用	接受
有中介的调节	H7c	制度距离通过学习能力路径，在异质性网络拓展与协同创新绩效间起调节作用	拒绝
	H7d	制度距离通过学习能力路径，在多样性网络拓展与协同创新绩效间起调节作用	拒绝
	H7e	制度距离通过吸收能力路径，在异质性边际拓展与协同创新绩效间起调节作用	拒绝
	H7f	制度距离通过吸收能力路径，在多样性网络拓展与协同创新绩效间起调节作用	拒绝
	H7g	制度距离在学习能力与协同创新绩效间起调节作用	接受
	H7h	制度距离在吸收能力与协同创新绩效间起调节作用	接受

第五节　本章小结

本章主要基于企业动态能力、创新生态系统理论、企业国际化理论，以中国企业为研究对象，遵循子研究一架构下"路径—绩效"的思考逻辑，讨论了企业海外研发协同创新绩效的影响机制，即创新生态系统异质性网络拓展和多样性网络拓展对企业协同创新绩效的影响机制，研究内容包括影响因素、影响路径和影响效应。

本章利用中国 628 家 2011—2017 年在多个国家或地区有国际化活动的上市公司作为研究对象,构建了包含 4396 条数据的平衡面板数据并进行了实证分析,同时,对其中 370 家民营上市公司进行了实证分析,以获得民营企业在海外研发活动时的特殊性。分析结果包括:

第一,创新生态系统组织异质性网络拓展、知识异质性网络拓展、知识多样性网络拓展和地理多样性网络拓展的协同过程直接影响企业的协同创新绩效。对中国民营企业而言,创新生态系统知识异质性网络拓展、知识多样性网络拓展和地理多样性网络拓展的协同过程直接影响企业的协同创新绩效。地理距离和组织多样化不再是企业协同创新绩效的影响因素。

第二,创新生态系统网络拓展协同过程通过学习能力和吸收能力两条路径影响企业协同创新绩效,其中学习能力的中介效应要强于吸收能力。对中国民营企业而言,这两条协同路径仍然存在,且学习能力的中介效应更为明显。这说明中国企业,特别是民营企业在国际化过程中需要特别关注学习能力的培养。

第三,制度距离通过调节学习能力及吸收能力对协同创新绩效的关系,调节了创新生态系统网络拓展过程与企业协同创新绩效的关系,和学习能力、吸收能力一起发挥了有调节的中介效应,其中制度距离对学习能力的调节作用更为明显。对中国民营企业而言,上述制度距离的调节作用仍然存在,且调节效应均加强,对学习能力的调节作用大大加强。这说明企业海外研发活动的东道国制度环境对企业获得协同创新绩效有很大影响,在民营企业中这种影响更为强烈。因此,中国企业在进行海外研发时,仍然需要综合评估东道国的制度环境,做好足够的风险评估。

第七章　结论与展望

第一节　主要结论

本书聚焦中国企业海外研发活动，探讨其过程中的协同机制，提出以下几个研究问题：企业海外研发进程中创新生态系统是如何进行网络拓展的？在研发国际化过程中创新生态系统如何实现协同？不同的国际化动机会如何影响创新生态系统网络拓展过程？创新生态系统网络拓展过程如何影响企业协同创新绩效？通过理论构建、典型企业案例分析及实证分析，回答了以上四个问题，得出了以下四个主要结论。

第一，在研究问题一中，从创新生态系统的双元动机、国际多样性和合作伙伴异质性的双元结构出发，构建了"动机—过程—绩效"创新生态系统网络拓展机制，该过程刻画了开发利用和探索学习双元动机下，创新生态系统通过知识边界、组织边界、地理边界和制度网络拓展中的国际多样性和伙伴异质性拓展过程中协同，即"开发—学习""相似—相异""集中—分散"过程中的协同问题，最终实现协同创新绩效。其中，国际多样性问题根据网络拓展维度分为知识多样性、组织多样性和地理多样性，伙伴异质性问题根据网络拓展维度分为知识距离、组织距离、地理距离和制度距离，全面反映了创新生态系统网络拓展过程。

第二，在研究问题二中，从创新生态系统国际化进程中企业的动态竞合能力出发,论证了创新生态系统的协同关系应该是一个竞争与合作关系交替出现,且合作倾向大于竞争倾向的状态。创新生态系统的协同的目的就是在组织边界、知识网络拓展、制度网络拓展和资源获取过程中从竞合的"非协同"状态向"协同"状态转变,以获得开放和共享程度更高的创新生态系统协同。此外,本书在分析了协同主体、协同影响因素的基础上,在"目标—行为—绩效"的协同逻辑下,将创新生态系统的协同机制分为战略协同机制、行为协同机制和利益协同机制,该协同机制具有多样性、互补性、递进性和动态性的特征。

第三,在研究问题三中,以"双元动机—网络拓展过程"为逻辑主线的总体研究框架,讨论了双元动机下创新生态系统四维网络拓展的协同过程,通过对晶科、吉利、阿里巴巴和卧龙四家企业的案例内和案例间分析,梳理了开发利用动机下创新生态系统多样性网络拓展的空间协同路径、开发利用动机下创新生态系统异质性网络拓展的空间协同路径、探索学习动机下创新生态系统多样性网络拓展的空间协同路径和探索学习动机下创新生态系统异质性网络拓展的空间协同路径四条路径,不同路径下的企业会在组织、知识和地理维度上选择不同的空间拓展路径。

第四,在研究问题四中,讨论了企业海外研发协同创新绩效的影响机制,即创新生态系统异质性网络拓展和多样性网络拓展对企业协同创新绩效的影响机制,研究内容包括影响因素、影响路径和影响效应。通过大样本面板数据的实证分析,获得民营企业在海外研发活动时的特殊性。研究结果表明:一是创新生态系统组织异质性网络拓展、知识异质性网络拓展、知识多样性网络拓展和地理多样性网络拓展的协同过程直接影响企业的协同创新绩效;对中国民营企业而言,创新生态系统知识异质性网络拓展、知识多样性网络拓展和地理多样性网络拓展的协同过程直接影响企业的协同创新绩效。二是创新生态系统网络拓展协同过程通过学习能力和吸收能力两条路径影响企业协同创新绩效,其中学习能力的中介效应要强于吸收能力;对中国民营企业而言,学习能力的中介效应更为明显。三是制度距离通过调节学习能力及吸收能力对协同创新绩效的关系，调节了创新生态系统网络拓展过程与企业协同创新绩效的关系，和学习能力、吸收能力一起发挥了有调节的中介效应，其中制度距离对学习能力的调节作用更为明显；对中国民营企业而言，制度距离的调节作用加强，对学习能力的调节作用大大加强。

第二节　理论贡献

本书从系统视角构建了创新生态系统网络拓展协同过程，拓展了创新生态系统理论的应用情境，丰富了企业国际化的内涵，为国际商务与创新管理领域提供了新的研究视角；通过组织二元性分析，研究了不同动机下创新生态系统网络拓展的空间协同路径；通过动态能力分析，研究了创新生态系统网络拓展协同绩效的影响因素。具体来说，本书的主要理论贡献有以下几方面：

第一，从创新生态系统视角分析研发国际化过程中的网络拓展和协同问题，明确创新生态系统四维网络拓展过程，并用"生态位"构建创新生态系统协同机制。

创新生态系统是研究创新管理的新视角，包括了创新生态系统演化路径的研究（Rong，2011；Overholm，2015；刘雪芹、张贵，2016）、创新生态系统运行机制的研究（Chesbrough，2003；Lichtenthaler，2011；高霞、陈凯华，2015）、创新生态系统治理的研究（张运生、邹思明，2010）。现有的创新生态系统研究，一方面较少关注其与经典组织管理理论的关系，同时多数研究停留在概念和战略层面的质性阐述，缺乏在企业，尤其是在新兴经济体国家和后发企业国际化问题上的应用（Valkokari，2015），或是较为碎片化地研究创新生态系统问题，缺乏对系统演化、运行机理、拓展过程和内在作用路径的系统性构建和全面性诠释（解学梅、余生辉，2020），因此创新生态系统理论具有一定的局限性。

本书力图突破创新生态系统理论研究的这一局限,将企业海外研发的拓展过程、协同机制和要素协同看作系统的动态过程,从创新生态系统视角分析研发国际化过程中的网络拓展和协同问题,从创新生态系统网络拓展和拓展路径两个方向,展现企业海外研发的过程机制,借用生态位构建创新生态系统协同机制,为企业国际化理论提供了新的解释维度,丰富了创新生态系统理论和企业国际化理论的新内涵,拓展了创新生态系统理论的应用范围。

第二,用组织二元论剖析企业海外研发中的核心问题,通过双元动机、双元拓展路径的分析,构建了国际多样性和伙伴异质性协同路径,讨论了协同路径对协同效应的影响机制。

基于边界拓展的研发网络理论从关注组织边界、地理边界、知识边界,发展到对不同拓展维度进行整合,对研发网络边界拓展的研究更加系统和全面。创新网络边界拓展问题虽然得到了广泛的研究和关注,但是对于企业国际化进程中边界拓展的发生机制与拓展路径问题缺乏系统、深入的理解和认识。

本书用组织双元理论刻画创新生态系统网络拓展过程中的动机问题、国际多样性问题和伙伴异质性问题,分别探讨企业海外研发过程中的"探索—利用"问题、"集中—分散"问题和"相似—相异"问题,提出在企业多维度网络拓展过程中的多样性空间拓展路径和异质性空间拓展路径,并进一步探讨在多样性路径和异质性路径下的企业海外研发网络拓展协同效应问题。在四条空间协同路径问题上,不仅分析了四维网络拓展的尺度问题,而且探讨了四维网络拓展的方向问题;在协同效应影响因素问题上,探讨了学习能力和吸收能力是如何影响企业海外研发协同绩效的,同时也讨论了制度距离是如何调节协同绩效的,力图破解企业海外研发协同机制的"黑匣子"。

第三,用国际动态能力分析新兴经济体企业研发国际化中的关键问

题,讨论了动态能力和制度距离在企业研发国际化协同效应中发挥的有调节的中介作用机制。

动态能力是企业研究的重点,经常与管理者经验、战略管理、企业国际化等关键词一同出现。近年来,有学者用动态能力解释了获取东道国合法性聚焦点的动态过程,且越来越多的文献表明动态能力鼓励并促进国际化和全球学习,但动态能力的核心概念尚未应用于跨国公司及其国际化(Deng,2020),因此动态能力研究也并不完全适用于国际化背景下的创新生态系统网络拓展情境,同时缺少对后发企业国际化情境下动态能力影响机制的研究(孙慧、张双兰,2018)。

本书强调动态能力在后发企业研发国际化中的重要作用。一方面,本书强调的动态是指企业需要持续发展自身学习和吸收能力以适应急剧变化的国际环境;另一方面,本书强调的能力是指创新生态系统网络拓展中的战略管理能力和协同能力,这些能力能够在全球范围内创造和利用组织嵌入型资源获得持续性的竞争优势,通过资源整合、组织重构、组织学习等活动,在应对国际环境变化中起到了关键作用。同时,本书将动态能力和制度距离嵌入创新生态系统网络拓展过程,分析动态能力与制度距离影响企业国际研发协同绩效的机制,并用二手数据证实了动态能力与制度距离在创新生态系统网络拓展路径与协同绩效间起到了有调节的中介作用。动态能力在创新生态系统网络拓展与协同绩效间起到了中介关系,而制度距离通过调节企业国际动态能力与系统绩效的关系发挥其调节作用。

第三节　实践启示

本书对中国企业拓展海外研发活动,进一步提高创新能力具有一定的启示和指导意义。

首先，在研发国际化前，企业需要更清晰、全面地认识研发国际化过程中的核心问题，清楚识别开展研发国际化的动机，厘清海外研发的制度风险，并从地理维度、组织维度、知识维度和制度维度上合理选择网络拓展战略：当企业出于开发利用动机进行海外研发时，建议向供应链商业端进行拓展，选择与异质性且与自身知识水平较为相似、组织文化较为相近、地理距离较远的伙伴进行海外研发合作；当企业出于探索学习动机进行海外研发时，建议向科学知识和应用技术方向进行知识多样性的拓展，同时选择与同质性且创新能力高于自身、地理距离较近、社会文化差异较大的伙伴进行海外研发合作。

其次，在研发国际化进程中，企业可以在企业集团内部和协同单元层面通过愿景发展、促进文化认同、交互合作、整合互补资源的方式加强战略协同与行动协同，同时通过契约管理和风险防控促进系统成员的利益协同，保证海外研发合作的顺利进行，形成更为开放、共享程度更高的合作系统。

再次，在海外研发过程中，企业也无须太过纠结东道国与母国距离远近的问题，在通信技术发达的今天，地理距离不再是企业协同创新绩效的影响因素。企业更需要关注国际动态能力的培养，通过培育内生学习能力和吸收能力，促进协同创新绩效的提升；同时，企业海外研发活动的东道国制度环境对企业获得协同创新绩效有很大影响，在民营企业中这种影响更为强烈。因此，中国企业在海外研发时，仍然需要综合评估东道国的制度环境，做好足够的风险评估。

最后，本书也能对政府工作有所启示，作为创新生态系统国际化中的主体之一，一方面建议政府可以通过加强政府层面的战略合作，为企业搭建国家间合作交流的平台，加强技术标准的国际对接，完善海外投资风险防控机制等方式构建良好的创新生态环境，创建稳定和谐的创新制度环境，为中国企业进一步拓展海外研发业务营造优质的外部环境；另一方面为政府制定相关政策，培育具有全球竞争力的高质量创新企业，特别是创新型民营企业，为提升中国科技创新能力提供方向。

第四节 研究局限性与展望

本书的研究局限在于：

第一，在研究方法上，本书运用跨案例方法进行创新生态系统网络拓展的空间协同过程研究，提出了关于协同路径的相关命题。尽管本书尽量选取了相对具有代表性的案例，产业类型包括了传统制造业企业、新兴科技企业，动机上覆盖了探索学习、开发利用和两者兼备的海外研发动机，但得出的结论是否具有可推广性还值得进一步研究。比如，对一手访谈数据和二手资料进行创新生态系统异质性和多样性拓展编码时，由于研究者的主观性，可能存在偏见或遗漏；在不同行业中，企业国际化经验对企业国际化拓展的影响不尽相同。未来可以选取更为广泛的案例进行分析，同时辅用定量研究，对影响因素进行挖掘提炼，并嵌入国际化经验等控制变量，力图获得更具推广性和系统性的研究结论。

第二，在研究对象上，本书选用了在多个国家或地区进行国际化活动的中国上市公司作为定量分析的研究对象，进行中国企业和中国民营企业协同效应影响机制的分析。但是由于数据可获性的原因，国有企业的样本数不足，没有进行国有企业与民营企业协同效应影响机制的差异性分析；在研究中仅仅进行了制造业与非制造业的区分，缺少对研究对象所处行业的分类研究，没有体现传统制造行业、科技行业、服务性生产行业等行业类别协同路径和协同绩效的差异性；本书在广泛意义上研究了中国企业的海外研发活动，没有进一步将中国企业的海外研发东道国性质进行细分，比如细分为发达国家、新兴工业国家、"一带一路"沿线国家等。在未来的研究中，可以就企业股权性质、企业所处行业和东道国属性进一步分析，以获得更深入可靠的研究结果。

第三，在创新生态系统协同机制的研究上，本书分析了创新生态系统的协同主体,并从目标、行动和绩效范畴确立了战略协同机制、行动协同机制和利益协同机制。但是对协同机制发生作用的条件,协同机制保持创新生态系统有序与无序、竞争与合作、学习与反哺、扩散与捕获、独占与共享等问题的动态平衡机制,以及协同机制影响协同绩效的路径等问题未做出进一步解释。未来在协同绩效的研究上,可就创新生态系统网络拓展中的协同创新效率问题进行拓展。

参考文献

[1] Aarikka-Stenroos L，Ritala P. Network management in the era of ecosystems：Systematic review and management framework［J］. Industrial Marketing Management，2017，67(nov.)：23-36.

[2] Abdelgawad S G，Zahra S A，Svejenova S，et al. Strategic leadership and entrepreneurial capability for game change［J］. Journal of Leadership & Organizational Studies，2013，20(4)：394-407.

[3] Adner R. Match your innovation strategy to your innovation ecosystem［J］. Harvard Business Review，2006，84(4)：98.

[4] Adner R，Kapoor R. Value creation in innovation ecosystems：How the structure of technological interdepend-ence affects firm performance in new technology generations［J］. Strategic Management Journal，2010，31（3）：306-333.

[5] Adner R J. Innovation Ecosystems［J］. Research Technology Management，2014，57(6)：10-14.

[6] AJLC，BBST. Transferring R&D knowledge：The key factors affecting knowledge transfer success［J］. Journal of Engineering and Technology Management，2003，20(1-2)：39-68.

[7] Ambos B. Foreign direct investment in industrial research and development：A study of German MNCs［J］. Research Policy，2005，34(4)：395-410.

[8] Amitrano C C，Coppola M，Tregua M，et al. Knowledge Sharing in Innovation Ecosystems：A Focus on Functional Food Industry［J］.

International Journal of Innovation & Technology Management, 2017, 14 (5): 1142-1159.

[9] Andreu L, Sanchez I, Mele C. Value co-creation among retailers and consumers: New insights into the furniture market[J]. Journal of Retailing & Consumer Services, 2010, 17(4): 241-250.

[10] Andriopoulos C, Lewis M W. Exploitation-Exploration tensions and organizational ambidexterity: Managing paradoxes of innovation [J]. Organization Science, 2009, 20(4): 696-717.

[11] Ahuja G. Collaboration networks, structural holes, and innovation: A longitudinal study[J]. Administrative Science Quarterly, 2000, 45 (3): 425-455.

[12] Ahuja G, Katila R. Where do resources come from? The role of idiosyncratic situations[J]. Strategic Management Journal, 2010, 25(8-9): 887-907.

[13] Ahlstrom D, Bruton G D. Venture capital in emerging economies: Networks and institutional change[J]. Entrepreneurship Theory & Practice, 2010, 30(2): 299-320.

[14] Alberto Di Minin, Mattia Bianchi. Safe nests in global nets: Internationalization and appropriability of R&D in wireless telecom[J]. Journal of International Business Studies. 2011(42): 910-934.

[15] Alexy O, George G, Salter A J. Cui bono? The selective revealing of knowledge and its implications for innovative activity[J]. Academy of Management Review, 2013, 38(2): 270-291.

[16] Archibugi D, Iammarino S. The policy implications of the globalisation of innovation[J]. Research Policy, 1999, 28(2): 317-336.

[17] Archibugi D. The globalisation of technology: A new taxonomy [J]. Cambridge Journal of Economics, 1995, 16(4): 342-346.

[18] Argyres N S, Silverman B S. R&D, organization structure, and the development of corporate technological knowledge[J]. Strategic Management

Journal, 2004, 25(8-9): 30.

[19] Asheim B T, Isaksen A. Regional innovation systems: The integration of local "sticky" and global "ubiquitous" knowledge[J]. The Journal of Technology Transfer, 2002, (27): 77-86.

[20] Athukorala P C, Kohpaiboon A. Globalization of R&D by US-based multinational enterprises[J]. Research Policy, 2010, 39(10): 1335-1347.

[21] Ballantyne D, Varey R J. Creating value-in-use through marketing interaction: The exchange logic of relating, communicating and knowing [J]. Marketing Theory, 2006, 6(3): 335-348.

[22] Barney J. Firm resources and sustained competitive advantage[J]. Journal of Management, 1991, 17(1): 99-120.

[23] Barreto I. Dynamic capabilities: A review of past research and an agenda for the Future[J]. Journal of Management, 2009, 36(1): 256-280.

[24] Bas C L, Sierra C. Location versus home country advantages' in R&D activities: Some further results on multinationals' locational strategies[J]. Research Policy, 2002, 31(4): 589-609.

[25] Belderbos R, Carree M, Lokshin B. Cooperative R&D and firm performance [J]. Research Policy, 2004, 33(10): 1477-1492.

[26] Belderbos R. Overseas innovations by Japanese firms: An analysis of patent and subsidiary data[J]. Research Policy, 2001, 30(2): 313-332.

[27] Bellamy M A, Ghosh S, Hora M. The influence of supply network structure on firm innovation[J]. Journal of Operations Management, 2014, 32(6): 357-373.

[28] Berry H, Guillén M F, Zhou N. An institutional approach to cross-national distance[J]. Journal of International Business Studies, 2010, 41(9): 1460-1480.

[29] Bertrand O. Effects of foreign acquisitions on R&D activity: Evidence from firm-level data for France[J]. Research Policy, 2009, 38(6): 1021-1031.

[30] Birkinshaw J, Bresman H, Nobel R. Knowledge transfer in international

acquisitions: A retrospective[J]. Journal of International Business Studies, 2010, 41(41): 21-26.

[31] Bo C. Internationalization of innovation systems: A survey of the literature-science direct[J]. Research Policy, 2006, 35(1): 56-67.

[32] Boschma R A. Proximity and innovation: A critical assessment [J]. Regional Studies,2005,39(1): 61-74.

[33] Boumgarden P,Nickerson J,Zenger T R. Sailing into the wind: Exploring the relationships among ambidexterity, vacillation, and organizational performance[J]. Strategic Management Journal, 2012, 33(6): 587-610.

[34] Brandenburguer A,Nalebuff B. The Right game: Use game theory to shape strategy[J]. Harvard Business Review, 1995, 76(7): 57-71.

[35] Breschi S, Malerba F, Edquist C. Sectoral innovation systems: Technological regimes, Schumpeterian dynamics,and spatial boundaries[J]. Systems of Innovation: Growth,Competitiveness and Employment. 1997 (1): 261-287.

[36] Bruyaka, Olga, Durand, et al. Sell-off or shut-down? Alliance portfolio diversity and two types of high tech firms' exit[J]. Strategic Organization, 2012,10(1): 7-30.

[37] Cao Q, Gedajlovic E, Zhang H. Unpacking organizational ambidexterity: Dimensions, contingencies, and synergistic effects [J]. Organization Science, 2009, 20(4): 781-796.

[38] Cantwell J. From the early internationalization of corporate technology to global technology sourcing[J]. Transnational Corporations, 1999, 8(2): 71-92.

[39] Carlo J L, Lyytinen K, Rose G M. A knowledge-based model of radical innovation in small software firms[J]. Mis Quarterly, 2012, 36(3): 865-895.

[40] Chae B K. A General framework for studying the evolution of the digital innovation ecosystem: The case of big data[J]. International Journal of

Information Management,2019, 45(1): 83-94.

[41] Chung-Jen, Chen, Yi-Fen, et al. How firms innovate through R&D internationalization? An S-curve hypothesi[J]. Research Policy, 2012(51): 1544-1554.

[42] Chen S H. The national innovation system and foreign R&D: The case of Taiwan[J]. R&D Management, 2007, 37(5): 441-453.

[43] Chen Yantai, Rong Ke, Xue Lan, et al. Evolution of collaborative innovation network in China's wind turbine manufacturing industry[J]. International Journal of Technology Management,2014,65 (1/4): 262-299.

[44] Chesbrough H. Open platform innovation: Creating value from internal and external innovation[J]. Intel Technology Journal, 2003(3): 5-9.

[45] Chesbrough H W. Open innovation: The new imperative for creating and profiting from technology [J]. Journal of Engineering and Technology Management, 2004, 21(3): 241-244.

[46] Chiesa V. Managing the internationalization of R&D activities [J]. IEEE Transactions on Engineering Management, 1996, 43(1): 7-23.

[47] Choi Y R, Phan P H. Exploration, exploitation, and growth through new product development: The moderating effects of firm age and environmental adversity[J]. IEEE Transactions on Engineering Management, 2014, 61 (3): 428-437.

[48] Chrisanthi A. The Informational City: Information technology economic restructuring and the urban regional process [J]. European Journal of Information Systems, 1991(1): 76-77.

[49] Chris F. The national system of innovation in historical perspective[J]. Cambridge Journal of Economics, 1995,19(1): 5-24.

[50] Christopher J C,Kieron B. Build synergy in the diversified business [J]. Long Range Planning, 1990, 23(2): 9-16.

[51] Chung W. Identifying technology transfer in foreign direct investment: Influence of industry conditions and investing firm motives[J]. Journal of

International Business Studies，2001，32(2)：211-229.

[52] Cohen W M，Levinthal D A. Absorptive capacity：A new perspective on learning and innovation[J]. Administrative Science Quarterly，1990，35 (1)：128-152.

[53] Cooke，P. Regional innovation systems：Competitive regulation in the New Europe[J]. Geoforum，1992(23)：365-382.

[54] Clarysse B，Wright M，Bruneel J，et al. Creating value in ecosystems：Crossing the chasm between knowledge and business ecosystems [J]. Research Policy，2014，43(7)：1164-1176.

[55] Cuervo-Cazurra A.，Genc M. Transforming disadvantages into advantages：Developing-country MNEs in least-developed countries [J]. Journal of International Business Studies，2008(39)：957-979.

[56] Cui A S，Griffith D A，Cavusgil S T，et al. The influence of market and cultural environmental factors on technology transfer between foreign MNCs and local subsidiaries：A Croatian illustration[J]. Journal of World Business，2006，41(2)：100-111.

[57] Cummings J L，Teng Bing Sheng. Transferring R&D knowledge：The key factors affecting knowledge transfer success[J]. Journal of Engineering and Technology Management，2003，20(20)：39-68.

[58] Daft R L，Weick K E. Towards a model of organizations as interpretive systems[J]. The Academy of Management Review，1984，9(2)：284-295.

[59] Daniel S. Measuring the degree of internationalization of a firm[J]. Journal of International Business Studies，1994，25(2)：325-342.

[60] Dedehayir O，Mkinen S J，Roland Ortt J. Roles during innovation ecosystem genesis：A literature review[J]. Technological Forecasting and Social Change，2016，136(11)：18-29.

[61] Denford J S. Building knowledge：Developing a knowledge-based dynamic capabilities typology[J]. Journal of Knowledge Management，2013，17(2)：175-194.

[62] Deng P. The internationalization of chinese firms: A critical review and future research[J]. International Journal of Management Reviews, 2012, 14(4): 408-427.

[63] Deng P, Yang M. Cross-border mergers and acquisitions by emerging market firms: A comparative investigation [J]. International Business Review, 2015, 24(1): 157-172.

[64] Dell'Era C, Verganti R. Collaborative strategies in design-intensive industries: Knowledge diversity and Innovation[J]. Long Range Planning, 2010, 43(1): 123-141.

[65] De Silva M et al. Innovation intermediaries and collaboration: Knowledge-based practices and internal value creation[J]. Research Policy: A Journal Devoted to Research Policy Research Management & Planning, 2018(12): 70-87.

[66] Dess G G, Beard D W. Dimensions of organizational task environments[J]. Administrative Science Quarterly, 1984, 29(1): 52-73.

[67] Devereux M P, Griffith R. Taxes and location of production: Evidence from a panel of US multinationals[J]. Journal of Public Economics, 1998, 68(3): 335-367.

[68] Ding L, Wu J. Innovation ecosystem of CNG vehicles: A case study of its cultivation and characteristics in Sichuan,China[J]. Sustainability,2018, 10(1): 39-55.

[69] Dimaggio P, Powell W. The iron cage revisited: Institutional isomorphism and collective rationality in organizational fields[J]. American Sociological Review,1983,48(2): 147-160.

[70] Dittrich K, Duysters, G. Networking as a means to strategy change: The case of open innovation in mobile telephony[J]. Journal of Product Innovation Management, 2007(24): 510-521.

[71] Dosi G,Nelson R R. An introduction to evolutionary theories in economics [J]. Journal of Evolutionary Economics,1994,4(3): 153-172.

[72] Ducan R B. Characteristics of Organizational Environments and Perceived Environmental Uncertainties [J]. Administrative Science Quarterly, 1972, 17(3): 313.

[73] Duysters G, Lokshin B. Determinants of alliance portfolio complexity and its effect on innovative performance of companies[J]. Journal of Product Innovation Management, 2011,28(4): 570-585.

[74] Ellonen H K, Wikstrom P, Jantunen A. Linking dynamic-capability portfolios and innovation outcomes[J]. Technovation,2009(29): 753-762.

[75] Eisenhardt K M,Martin J A. Dynamic capabilities: What are they? [J]. Strategic Management Journal,2000, 21(10 /11): 1105-1121.

[76] Esty D C, Porter M E. Industrial ecology and competitiveness[J]. MIT Press, 1998, 2(1): 35-43.

[77] Filippaios F, Papanastassiou M, Pearce R, et al. New forms of organisation and R&D internationalisation among the world's 100 largest food and beverages multinationals[J]. Research Policy, 2009, 38(6): 1032-1043.

[78] Fisch J H. Optimal dispersion of R&D activities in multinational corporations with a genetic algorithm[J]. Research Policy, 2003, 32(8): 1381-1396.

[79] Fawcett S E, Fawcett A M, Watson B J, et al. Peeking inside the black box: Toward an understanding of supply chain collaboration dynamics[J]. Journal of Supply Chain Management, 2012, 48(1): 44-65.

[80] Faems D et al. Toward an integrative perspective on alliance governance: Connecting contract design, trust dynamics, and contract application[J]. Academy of Management Journal,2008,51(6): 1053 -107.

[81] F T Rothaermel, D L. Deeds. Exploration and exploitation alliances in biotechnology: A system of new produet development. Strategic Management Journal[J]. 2010,25(3): 201-221.

[82] Furlotti M S et al. Bringing tasks back in: An organizational theory of

resource complementarity and partner selection[J]. Journal of Management, 2017, 43(2): 348-375.

[83] Furman J L. Location and organizing strategy: Exploring the influence of location on the organization of pharmaceutical research [J]. Advances in Strategic Management,2003,20(1): 49-87.

[84] Fu X. Foreign direct investment and managerial knowledge spillovers through the diffusion of management practices[J]. Journal of Management Studies, 2012, 49(5): 970-999.

[85] Iansiti M,Levien R. Strategy as ecology[J]. Harvard Business Review, 2004,82(3): 68-81.

[86] Gawer A,Cusumano M A. Industry platforms and ecosystem innovation [J]. Journal of Product Innovation Management, 2014a, 31(3): 417-433.

[87] Gawer A. Bridging differing perspectives on technological platforms: Toward an integrative framework[J]. Research Policy, 2014b, 43 (7): 1239-1249.

[88] Gerybadze A, Reger G. Globalization of R&D: Recent changes in the management of innovation in transnational corporations [J]. Research Policy, 1999, 28(2-3): 251-274.

[89] Gibson C B,Birkinshaw J. The Antecedents, consequences, and mediating role of organizational ambidexterity[J]. Academy of Management Journal, 2004, 47(2): 209-226.

[90] Gilbert C. Unbundling the structure of inertia: Resource versus routine rigidity[J]. Academy of Management Journal, 2005, 48(5): 741-763.

[91] Giudici A, Reinmoeller P, Ravasi D. Open-system orchestration as a relational source of sensing capabilities: Evidence from a venture association [J]. Academy of Management Journal, 2018,61(4): 1369-1402.

[92] Gloor P A,Paasivaara M D S, Willems P. Finding collaborative innovation networks through correlating performance with social network structure [J]. International Journal of Production Research, 2008, 46(5): 1357.

[93] Gnyawali D R，He J，Madhavan R. Impact of co-opetition on firm competitive behavior：An empirical examination[J]. Journal of Management Official Journal of the Southern Management Association，2006，32（4）：507-530.

[94] Goerzen A，Beamish P W. The effect of alliance network diversity on multinational enterprise performance[J]. Strategic Management Journal，2005，26(4)：333-354.

[95] Granstrand O，Holgersson M. Innovation ecosystems：A conceptual review and a new definition[J]. Technovation，2020(12)：90-91.

[96] Greer C R，Lusch R F，Hitt M A. A service perspective for human capital resources：A critical base for strategy implementation[J]. Academy of Management Perspectives，2017，31(2)：137-158.

[97] Grevesen C W，Damanpour F. Performance implications of organisational structure and knowledge sharing in multinational R&D networks[J]. International Journal of Technology Management，2007，38（1-2）：113-136.

[98] Greer C R，Lei D. Collaborative innovation with customers：A review of the literature and suggestions for future research[J]. International Journal of Management Reviews，2011,14(1)：63-84.

[99] Groenroos C. The relationship marketing process：Communication，interaction，dialogue，value[J]. Journal of Business & Industrial Marketing，2004，19(2)：99-113.

[100] Groenroos C，Helle P. Adopting a service logic in manufacturing：Conceptual foundation and metrics for mutual value creation[J]. Journal of Service Management，2010，21(5)：564-590.

[101] Gszulanski. Exploring Internal. Stickiness：Impediments to theTransfer of Best Practice within the Firm[J]. Strategic Management Journal，1996(17)：2743.

[102] Guellec D. The internationalisation of technology analysed with patent

data[J]. Research Policy, 2001, 30(8): 1253-1266.

[103] Gulati R, Dialdin D A, Wang L. Organizational Networks: The Blackwell Companion to Organizations[M]. Oxford: Blackwell Business, 2005.

[104] Gummesson E, Mele C. Marketing as value co-creation through network interaction and resource integration [J]. Journal of Business Market Management, 2010, 4(4): 181-198.

[105] Hamel G. Competition for competence and inter-partner learning within international strategic alliances[J]. Strategic Management Journal, 1991, 12(S1): 83-103.

[106] Helfat C E, Peteraf M A. The dynamic resource-based view: Capability lifecycles[J]. Strategic Management Journal, 2003, 24(10): 997-1010.

[107] Helfat C E, Peteraf M A. Managerial cognitive capabilities and the microfoundations of dynamic capabilities [J]. Strategic Management Journal, 2015, 36(6):831-850.

[108] Hippel E V, Gnyawali D R, Hippel E V. Democratizing innovation: The evolving phenomenon of user innovation[J]. Journal Für Betriebswirtschaft, 2005, 55(1): 63-78.

[109] Hitt M A, Ireland R D & Hoskisson R E. Strategic Management— Competitiveness and Globalization: Concepts and Cases[M]. Chula Vista: South-Western College Publishing, 2007.

[110] Holgersson M, Granstrand O, Bogers M. The evolution of intellectual property strategy in innovation ecosystems: Uncovering complementary and substitute appropriability regimes[J]. Long Range Planning, 2017, 51(2): 303-319.

[111] Hsing-Er Lin, Mcdonough E F, Shu-Jou Lin, et al. Managing the exploitation/exploration paradox: The role of a learning capability and innovation ambidexterity[J]. Journal of Product Innovation Management, 2013, 30(2): 262-278..

[112] Hurtado-Torres N E, Aragón-Correa, Alberto J, et al. How does R&D

internationalization in multinational firms affect their innovative performance? The moderating role of international collaboration in the energy industry[J]. International Business Review, 2018(27): 514-527.

[113] Imran M, Aziz A B, Hamid S N B A. The Relationship between entrepreneurial orientation, business networks orientation, export market orientation and SME export performance: A proposed research framework [J]. International Journal of Academic Research in Business & Social Sciences, 2017, 7(10): 221-226.

[114] Jacobides M G, Cennamo C, Gawer A. Towards a theory of ecosystems [J]. Strategic Management Journal, 2018, 39(8): 2255-2276.

[115] Jansen J, Van D, Volberda H W. Exploratory innovation, exploitative innovation, and performance: Effects of organizational antecedents and environmental moderators[J]. Management Science, 2006, 52(11): 1661-1674.

[116] Jaideep Anand, Raffaele, et al. Alliance activity as a dynamic capability in the face of a discontinuous technological change[J]. Operations Research, 2010, 21(6): 1213-1232.

[117] Jones G K, Teegen H J. Factors affecting foreign Rd location decisions: Management and host policy implications[J]. International Journal of Technology Management, 2003(8):791-813.

[118] Jun, S et al. Technological diversity of persistent innovators in Japan: Two case studies of large Japanese firms[J]. Research Policy, 2004(33): 531-549.

[119] Kabakova O, Plaksenkov E, Korovkin V. Strategizing for financial technology platforms: Findings from four russian case studies [J]. Psychology & Marketing, 2016, 33(12): 1106-1111.

[120] Kafouros M L, Buckley P J, Sharp J A & Wang C. The role of internationalization in explaining innovation performance [J]. Technovation, 2008, 1(2): 63-74.

[121] Kapoor R, Lee J M. Coordinating and competing in ecosystems: How organizational forms shape new technology investments [J]. Strategic Management Journal, 2013, 34(3): 274-296.

[122] Kannan-Narasimhan R P, Lawrence B S. How innovators reframe resources in the strategy-making process to gain innovation adoption? [J]. Strategic Management Journal, 2018(39): 720-758.

[123] Kapoor R, Agarwal S. Sustaining superior performance in business ecosystems: Evidence from application software developers in the iOS and Android smartphone ecosystems[J]. Organization Science, 2017, 28(3): 531-551.

[124] Kearns A, Ruane F. The tangible contribution of R&D-spending foreign-owned plants to a host region: A plant level study of the Irish manufacturing sector (1980—1996)[J]. Research Policy, 2001, 30(2): 227-244.

[125] Kim C, Inkpen A C. Cross-border R&D alliances, absorptive capacity and technology learning[J]. Journal of International Management, 2005, 11(3): 313-329.

[126] Kim C, Park J. Explorative search for a high-impact innovation: The role of technological status in the global pharmaceutical industry[J]. R & D Management, 2013, 43(4): 394-406.

[127] Kogut B, Zander U. Knowledge of the firm and the evolutionary theory of the multinational corporation [J]. Journal of International Business Studies, 1993, 24(4): 625-645.

[128] Koschatzky K. Innovation networks of industry and business-related services—Relations between innovation intensity of firms and regional inter-firm cooperation [J]. European Planning Studies, 1999, 7 (6): 737-757.

[129] Koskela-Huotari K, Edvardsson B, Jonas J M, et al. Innovation in service ecosystems-Breaking, making, and maintaining institutionalized rules of

resource integration[J]. Journal of Business Research，2016，69(8)：2964-2971.

[130] Kostova，T. Country institutional profiles：Unlocking entrepreneurial phenomena[J]. Academy of Management Proceedings，1997，1997(1)：180-184.

[131] Kostova T K，Zaheer S. Organizational legitimacy under conditions of complexity：The case of the multinational enterprise[J]. The Academy of Management Review，1999，24(1)：64-81.

[132] Kotabe M，Mishra H A. Determinants of cross-national knowledge transfer and its effect on firm innovation[J]. Journal of International Business Studies，2007，38(2)：259-282.

[133] K Laursen，A. Salter. Open for innovation：The role of openness in explaining innovation performance among U. K. manufacturing firms[J]. Strategic Management Jounal，2006，27(2)：131-150.

[134] Klionsky D J et al. Guidelines for the use and interpretation of assays for monitoring autophagy[J]. Autophagy，2012，8(4)：445-544.

[135] Kuemmerle W. Foreign direct investment in industrial research in the pharmaceutical and electronics industries—Results from a survey of multinational firms[J]. Research Policy，1999，28(s2-3)：179-193.

[136] Kumar N. Determinants of location of overseas R&D activity of multinational enterprises：The case of US and Japanese corporations[J]. Research Policy，2001，30(1)：159-174.

[137] Kurokawa S，Iwata S，Roberts E B. Global R&D activities of Japanese MNCs in the US：A triangulation approach[J]. Research Policy，2007，36(1)：3-36.

[138] Lahiri N. Geographic distribution of R & D activity：How does it affect innovation quality[J]. Academy of Management Journal，2010，53(5)：1194-1209.

[139] Laursen K & Salter A J. The paradox of ope enness：Appropriability，

external search and collaboration[J]. Research Policy, 2017, 43 (5): 867-878.

[140] Lavie D, Rosenkopf L. Balancing exploration and exploitation in alliance formation. [J]. Academy of Management Journal, 2006, 49(4): 797-818.

[141] Leeuw T D, Lokshin B, Duysters G. Returns to alliance portfolio diversity: The relative effects of partner diversity on firm's innovative performance and productivity[J]. Journal of Business Research, 2014, 67 (9): 1839-1849.

[142] Lehrer M, Asakawa K. Offshore knowledge incubation: The "third path" for embedding R&D labs in foreign systems of innovation[J]. Journal of World Business, 2002, 37(4): 297-306.

[143] Leijen H V, Baets W R J. A cognitive framework for knowledge-based process design[J]. Journal of Systemics Cybernetics & Informatics, 2003, 1(4): 327-332.

[144] Levinthal C. Absorptive capacity: A new perspective on learning and innovation[J]. Administrative Science Quarterly, 1990, 35(1): 128-152.

[145] Jeong P Y, Dr K T. Between legitimacy and efficiency: An institutional theory of corporate giving[J]. Academy of Management Journal. 2019, 62 (5): 1583-1608.

[146] Lee, Soonok, Rhee, et al. The quality circle, SMEs' performance, and mediating role of organizational ambidexterity[J]. Asia-Pacific Journal of Business Venturing and Entrepreneurship, 2017, 12(3): 163-176.

[147] Leih, Sohvi, Teece, et al. Dynamic capabilities and organizational agility [J]. California Management Review, 2016, 58(4): 13-35.

[148] Lahat L, Sher-Hadar N. A threefold perspective: Conditions for collaborative governance[J]. Journal of Management & Governance, 2019, 24(1): 117-134.

[149] Lin L H. Mergers and acquisitions, alliances and technology development: An empirical study of the global auto industry[J]. International Journal of

Technology Management，2009，48(3)：295-307(13).

[150] Li J. Global R&D Alliances in China：Collaborations With Universities and Research Institutes ［J］. IEEE Transactions on Engineering Management，2010，57(1)：78-87.

[151] Li J F，Garnsey E. Policy-driven ecosystems for new vaccine development ［J］. Technovation，2014，34(12)：762-772.

[152] Li Y R. The technological roadmap of Cisco's business ecosystem［J］. Technovation，2009，29(5)：379-386.

[153] Lois Peters，Peter Groenewegen，Nico Fiebelkorn. A comparison of networks between industry and public sector research in materials technology and biotechnology［J］. Research Policy，1998(27)：255-271.

[154] Liu G，Rong Ke. The nature of the co-evolutionary process：Complex product development in the mobile computing Industry's business ecosystem ［J］. Group & Organization Management，2015，40（6）：809-842.

[155] Liu J，Wang Y，Zheng G. Driving forces and organisational configurations of international R&D：The case of technology-intensive Chinese multinationals［J］. International Journal of Technology Management，2010，51(2/3/4)：409-426.

[156] Liu X，Buck T. Innovation performance and channels for international technology spillovers：Evidence from Chinese high-tech industries［J］. Research Policy，2007，36(3)：355-366.

[157] Liu X，Wang C. Does foreign direct investment facilitate technological progress：Evidence from Chinese industries［J］. Research Policy，2003，32(6)：945-953.

[158] Luoma-aho，Vilma，Saara Halonen. Intangibles and innovation：The role of communication in the innovation ecosystem［J］. Innovation Journalism，2010,7(2)：1-19.

[159] Lusch R F，Vargo S L. Service dominant logic：Reactions，reflections and

refinements[J]. Marketing Theory, 2006,6(3): 281-288.

[160] Lukas B A, Bell S J. Strategic market position and R&D capability in global manufacturing industries: Implications for organizational learning and organizational memory[J]. Industrial Marketing Management, 2000, 29 (6): 565-574.

[161] LUO Y. Dynamic capabilities in international expansion[J]. Journal of World Business, 2000,35(4): 355-378.

[162] Mabey C. Leadership development in organizations: Multiple discourses and diverse practice[J]. International Journal of Management Reviews, 2013,15(4): 359-380.

[163] Makadok R. Toward a synthesis of the resource-based and dynamic-capability views of rent creation[J]. Strategic Management Journal, 2001, 22(5): 387-401.

[164] Makinen S J, Kanniainen J, Peltola I. Investigating adoption of free beta applications in a platform based business ecosystem[J]. Journal of Product Innovation Management,2014,31(3): 451-465.

[165] Makkonen H, Pohjola M, Olkkonen R, et al. Dynamic capabilities and firm performance in a financial crisis[J]. Journal of Business Research,2014,67 (1): 2707-2719.

[166] Malecki E J. Research and Development and the Geography of High Technology Industries [M]. Totowa: Rowman & Littlefield,1985.

[167] Malecki E J. Technology and Economic Development: The Dynamics of Local, Regional and National Change[M]. London: Longman,1991.

[168] Malerba F. Sectoral Systems of Innovation: Concepts, Issues and Analyses of Six Major Sectors in Europe[M]. Cambridge: Cambridge University Press, 2004.

[169] March J G. Exploration and exploitation in organizational learning[J]. Organization Science, 1991, 2(2): 71-87.

[170] Marchi V D. Environmental innovation and R&D cooperation: Empirical

evidence from Spanish manufacturing firms[J]. Research Policy, 2012, 41 (3): 614-623.

[171] Mark A H. Swarm creativity: Competitive advantage through collaborative innovation networks[J]. Journal of Product Innovation Management, 2007 (24): 408-408.

[172] Marano V,Tashman P,Kostova T. Escaping the iron cage: Liabilities of origin and CSR reporting of emerging market multinational enterprises[J]. Journal of International Business Studies,2017,48(3): 386-408.

[173] Mathews J A. Dragon multinationals: New players in 21st century globalization[J]. Asia Pacific Journal of Management, 2006, 23 (1): 5-27.

[174] Mccarthy D J, Puffer S M. Interpreting the ethicality of corporate governance decisions in russia: Utilizing integrative social contracts theory to evaluate the relevance of agency theory norms [J]. Academy of Management Review, 2008, 33(1): 11-31.

[175] Mele C, Polese F. Key dimensions of service systems: Interaction in social & technological networks to foster value co-creation [J]. The Science of Service Systems,2011(9): 37-59.

[176] Mele C,Spena T R, Colurcio M. Co-creating value innovation through resource integration [J]. International Journal of Quality & Service Sciences, 2010, 2(1): 60-78.

[177] Meyer K E et al. Institutions,resources,and entry strategies in emerging economies[J]. Strategic Management Journal,2009,30(1): 61-80.

[178] Mikel B, Joost H, Monica M P et al. Regional systems of innovation and the knowledge production function: The Spanish case [J]. Technovation, 2006(26): 463-472.

[179] Moore J F. Predators and prey: A new ecology of competition [J]. Harvard Business Review,1993,71(3): 75-86.

[180] Moore J F. Business Ecosystems and the View from the Firm [J].

Antitrust Bulletin, 2006,51(1): 31-75.

[181] Narasimhan R, Swink M, Viswanathan S. On decisions for integration implementation: An examination of complementarities between product-process technology integration and supply chain integration[J]. Decision Sciences, 2010, 41(2):355-372.

[182] Neale M A, Northcraft G B, Jehn K A. Exploring pandora's box: The impact of diversity and conflict on work group performance [J]. Performance Improvement Quarterly, 2010, 12(1): 113-126.

[183] Niosi F et al. The strategies of Chinese and Indian software multinationals: Implications for internationalization theory[J]. Industrial and Corporate Change, 2009, 18(2):269-294.

[184] Nonaka I,Konno N. The concept of "Ba": Building a foundation for kowledge creation[J]. California Management Review, 1998, 40 (3): 40-54.

[185] North, Douglass C. Institutions, Institutional Change and Economic Performance[M]. Cambridge: Cambridge University Press, 1990.

[186] Oh D S, Phillips F, Park S, et al. Innovation ecosystems: A critical examinatio[J]. Technovation,2016(54): 1-6.

[187] Overholm H. Collectively created opportunities in emerging ecosystems: The case of solar service ventures[J]. Technovation,2015(39-40): 14-25.

[188] Parker G, Alstyne M, Jiang X. Platform ecosystems: How developers invert the firm[J]. Social Science Electronic Publishing, 2016, 41(1): 255-266.

[189] Parkhe A. Interfirm diversity, organizational learning, and longevity in global strategic alliances[J]. Journal of International Business Studies, 1991,22(4): 579-601.

[190] Peter J, Lane, et al. Absorptive capacity, learning, and performance in international joint ventures[J]. Strategic Management Journal, 2001(22): 1139-1161.

[191] Phene A,Almeida P. Innovation in multinational subsidiaries：The role of knowledge assimilation and subsidiary capabilities ［J］. Journal of International Business Studies，2008，39(5)：901-919.

[192] Pr A，Aa B. In defense of "eco" in innovation ecosystem ［J］. Technovation，2017(60-61)：39-42.

[193] Prange C & Verdier S. Dynamic capabilities，internationalization processes and performance[J]. Journal of World Business，2011,46(1)：126-133.

[194] Radziwon A，Bogers M，Bilberg A. Creating and capturing value in a regional innovation ecosystem：A study of how manufacturing SMEs develop collaborative solutions[J]. Social Science Electronic Publishing，2016，75(1/2/3/4)：73.

[195] Raimi L，Yusuf H. A critical discourse of EI and CA in emerging economies：The place of nigeria within the global innovation ecosystems ［J］. Journal of Entrepreneurship and Innovation in Emerging Economies，2020，6(1).

[196] Raisch S，Birkinshaw J，Probst G，et al. Organizational ambidexterity：Balancing exploitation and exploration for sustained performance ［J］. Organization Science，2009，20(4)：685-695.

[197] Robins J，Wiersema M F. A resource-based approach to the multibusiness firm：Empirical analysis of portfolio interrelationships and corporate financial performance[J]. Strategic Management Journal，2010，16(4)：277-299.

[198] Rogers E M，Carayannis E G，Kurihara K，et al. Cooperative research and development agreements （CRADAs） as technology transfer mechanisms[J]. R&D Management，2010，28(2)：79-88.

[199] Rohrbeck R，Hlzle K，Gemünden H G. Opening up for competitive advantage—How Deutsche Telekom creates an open innovation ecosystem ［J］. R&D Management，2009,39(4)：420-430.

[200] Romero D,Molina A. Collaborative networked organisations and customer

communities: Value co-creation and co-innovation in the networking era [J]. Production Planning & Control,2011,22 (5/6): 447-472.

[201] Romano A, Passiante G, Vecchio P D et al. The innovation ecosystem as booster for the innovative entrepreneurship in the smart specialisation strategy [J]. International Journal of Knowledge-Based Development, 2017, 5(3): 271.

[202] Ron, Adner, Rahul, et al. Innovation ecosystems and the pace of substitution: Re-examining technology S-curves [J]. Strategic Management Journal, 2016,37(4): 625-648.

[203] Rong Ke, Hu Guangyu, Lin Yongjiang et al. Understanding business ecosystem using a 6C framework in Internet-of-things-based sectors[J]. International Journal of Production Economics,2015,159(C): 41-55.

[204] Rong Ke, Lin Yong, Shi Yongjiang, et al. Linking business ecosystem lifecycle with platform strategy: A triple view of technology, application and organisation [J]. International Journal of Technology Management, 2013, 62(1): 75-94.

[205] Rong Ke. Nurturing business ecosystems from firm perspectives: Lifecycle, nurturing process, construct, configuration pattern [D]. Cambridge: University of Cambridge,2011.

[206] Rong Ke, Shi Y, Shang T, et al. Organizing business ecosystems in emerging electric vehicle industry: Structure, mechanism, and integrated configuration[J]. Energy Policy, 2017, 107(aug.): 234-247.

[207] Rong Ke, Wu Jinxi,Shi Yongjiang, et al. Nurturing business ecosystems for growth in a foreign market: Incubating, identifying and integrating stakeholders [J]. Journal of International Management,2015,21(4): 293-308.

[208] Rothaermel F T, Deeds D L. Exploration and exploitation alliances in biotechnology: A system of new product development [J]. Strategic Management Journal,2004,25(3):201-221.

[209] Santoro G, Thrassou A, Bresciani S, et al. Do knowledge management and dynamic capabilities affect ambidextrous entrepreneurial intensity and firms' performance? [J]. IEEE Transactions on Engineering Management, 2019(99): 1-9.

[210] Scaringella L, Radziwon A. Innovation, entrepreneurial, knowledge, and business ecosystems: Old wine in new bottles? [J/OL]. Technological Forecasting and Social Change, 2017. Doi: https://doi. org/10. 1016/j. tech- fore. 2017. 09. 023.

[211] Schmiele A. Drivers for international innovation activities in developed and emerging countries[J]. Journal of Technology Transfer, 2012, 37(1): 98-123.

[212] Schubert T, Baier E, Rammer C, et al. Firm capabilities, technological dynamism and the internationalisation of innovation: A behavioural approach[J]. Journal of International Business Studies, 2018, 49(1): 70-95.

[213] Schulz M. The uncertain relevance of newness: Organizational learning and knowledge flows[J]. Academy of Management Journal, 2001, 44(4): 661-681.

[214] Shaker A, Zahra, et al. Entrepreneurship and strategic thinking in business ecosystems[J]. Business Horizons, 2012(55): 219-227.

[215] Sherwood A L, Covin J G. Knowledge acquisition in university-industry alliances: An empirical investigation from a learning theory perspective [J]. Journal of Product Innovation Management, 2008, 25(2): 162-179.

[216] Sidhu J S, Volberda H W, Commandeur H R. Exploring exploration orientation and its determinants: Some empirical evidence[J]. Journal of Management Studies, 2004, 41(6): 913-932.

[217] Sidhu J S, Commandeur H R, Volberda H W. The multifaceted nature of exploration and exploitation: Value of supply, demand, and spatial search for innovation[J]. Organization Science, 2007, 18(1): 20-38.

[218] Simonin B L. Ambiguity and the process of knowledge transfer in strategic alliance[J]. Strategic Management Journal, 1999, 20(7): 595-623.

[219] Simsek Z. Organizational ambidexterity: Towards a multilevel understanding [J]. Social Science Electronic Publishing, 2010, 46(4): 597-624.

[220] Singh S K. Territoriality, task performance, and workplace deviance: Empirical evidence on role of knowledge hiding[J]. Journal of Business Research, 2019(97): 10-19.

[221] Song M, Benedetto C A. Supplier's involvement and success of radical new product development in new ventures[J]. Journal of Operations Management, 2008, 26 (1): 1-22.

[222] Spena, Russo T, Trequa, et al. Knowledge practices for an emerging innovation ecosystem [J]. International Journal of Innovation & Technology Management, 2016(10): 1-21.

[223] Stevens C E, Newenham K A. Legitimacy spill-overs and political risk: The case of FDI in the East African community[J]. Global Strategy Journal, 2017, 7(1): 10-35.

[224] Suddaby R. Can institutional theory be critical? [J]. Journal of Management Inquiry, 2015, 24(1): 93-95.

[225] Takeuchi N H. The knowledge-creating company: How Japanese companies create the dynamics of innovation[M]. New York: Oxford Unversity Press, 1995.

[226] Tallott M, Hilliard R. Developing dynamic capabilities for learning and internationalization: A case study of diversification in an SME[J]. Baltic Journal of Management, 2016, 11(3): 328-347.

[227] Teece, Pisano G, Shuen A. Dynamic capabilities and strategic management [J]. Strategic Management Journal, 1997, 18(7): 509-533.

[228] Teece. Explicating dynamic capabilities: The nature and microfoundations of (sustainable) enterprise performance [J]. Strategic Management Journal, 2007, 28(13): 1319-1350.

[229] Teece. A dynamic capabilities-based entrepreneurial theory of the multinational enterprise[J]. Journal of International Business Studies, 2014, 45(1):8-37.

[230] Teece. Business models and dynamic capabilities [J]. Long Range Planning, 2018,51(1): 40-49.

[231] Traitler H, Watzke H J, Saguy I S. Reinventing R&D in an open innovation ecosystem [J]. Journal of Food Science, 2011(76): 1750-3841.

[232] Tsai W P. Knowledge transfer in intraorganizational networks: Effects of network position and absorptive capacity on business unit innovation and performance[J]. Academy of Management Journal, 2001, 44 (5): 996-1004.

[233] Tsujimoto M, Kajikawa Y, Tomita J, et al. A review of the ecosystem concept—Towards coherent ecosystem[J/OL]. Technological Forecasting and Social Chang,2017. https://doi.org/101016/j. techfore. 2017. 06. 032.

[234] Turner N, Swart J, Maylor H. Mechanisms for managing ambidexterity: A review and research agenda[J]. International Journal of Management Reviews, 2013, 15(3): 317-332.

[235] Tushman M L &O'Reilly C A. Ambidextrous organizations: Managing evolutionary and revolutionary change[J]. California Management Review, 1996(38):8-30.

[236] Valkokari K,Marko S, Maria M, et al. Orchestrating innovation ecosystems: A qualitative analysis of ecosystem positioning strategies[J]. Technology Innovation Management Review, 2017(7): 12-24.

[237] Vargo S L. Customer integration and value creation: Paradigmatic traps and perspectives[J]. 2008, 11(2): 211-215.

[238] Vargo S L. Toward a transcending conceptualization of relationship: A service-dominant logic perspective[J]. Journal of business & industrial marketing, 2009, 24(5-6): 373-379.

[239] Verganti C D. Collaborative strategies in design-intensive industries:

Knowledge diversity and innovation[J]. Long Range Planning, 2010(43): 123-141.

[240] Walenza-Slabe E. Emerging Chinese Innovation Ecosystems: Implications of China's Improving Innovation Competitiveness for Companies and Professionals[R]. Applied Value Group,2012.

[241] Wamba S F, Gunasekaran A, Akter S, et al. Big data analytics and firm performance: Effects of dynamic capabilities[J]. Journal of Business Research, 2017, 70(c): 356-365.

[242] Wareham J, Fox P B, Cano G J L. Technology ecosystem governance[J]. Organization Science,2013,25(4): 969-1286.

[243] Wang C L, Ahmed P K. Dynamic capabilities: A review and research agenda[J]. International Journal of Management Reviews, 2010, 9(1): 31-51.

[244] Wassmer U, Li S, Madhok A. Resource ambidexterity through alliance portfolios and firm performance[J]. Strategic Management Journal,2017, 38(2): 384-394.

[245] Wei Z, Song X, Wang D. Manufacturing flexibility, business model design, and firm performance[J]. International Journal of Production Economics, 2017, 193: 87-97.

[246] West J, Wood D. Creating and evolving an open innovation ecosystem: Lessons from symbian Ltd. [R]. SSRN Working Paper Series, 2011.

[247] Whittington K B, Owen-Smith J P. Networks, propinquity, and innovation in knowledge-intensive industries[J]. Administrative Science Quarterly,2009(54): 90-122.

[248] Winter S G. Understanding dynamic capabilities [J]. Strategic Management Journal, 2003, 24(10): 991-995.

[249] Wohlgemuth, Veit, Wenze. Dynamic capabilities and employee participation: The role of trust and informal control[J]. European Management Journal, 2019,37(6): 760-771.

[250] Wood D J, Gray B. Toward a comprehensive theory of collaboration[J]. The Journal of Applied Behavioral Science, 1991, 27(2): 139-162.

[251] Wulf A, Butel L. Knowledge sharing and collaborative relationships in business ecosystems and networks—A definition and a demarcation[J]. Industrial Management & Data Systems, 2017, 117(7): 1407-1425.

[252] Xiao X, Wang S, Zhang L, et al. Complexity analysis of manufacturing service ecosystem: A mapping-based computational experiment approach [J]. International Journal of Production Research, 2018(57): 357-378.

[253]]Yan, Min-Ren, Chien, et al. Evaluating the collaborative ecosystem for an innovation-driven economy: A systems analysis and case study of science parks[J]. Sustainability, 2018(10): 887.

[254] Yamin M, Otto J. Patterns of knowledge flows and MNE innovative performance [J]. Journal of International Management, 2004 (10): 239-258.

[255] Ying L, Vanhaverbeke W, Schoenmakers W. Exploration and Exploitation in Innovation: Reframing the Interpretation [J]. Creativity & Innovation Management, 2010, 17(2): 107-126.

[256] Yi Y, He X, Ndofor H, et al. Dynamic capabilities and the speed of strategic change: Evidence from China[J]. IEEE Transactions on Engineering Management, 2015, 62(1): 18-28.

[257] Yli-Renko H, Autio E, Sapienza H J. Social capital, knowledge acquisition, and knowledge exploitation in young technology-based firms [J]. Strategic Management Journal, 2001, 22 (6/7): 587-613.

[258] Yuge M, et al. Co-evolution between urban sustainability and business ecosystem innovation: Evidence from the sharing mobility sector in Shanghai[J]. Journal of Cleaner Production, 2018(188): 942-953.

[259] Zahra S A & George G. Absorptive capacity: A review, reconceptualization and extension[J]. Academy of Management Review, 2002, 27(2): 185-203.

[260] Zahra S A, Sapienza H J, Davidsson P. Entrepreneurship and dynamic

capabilities：A review，model and research agenda［J］．Journal of Management Studies，2010(43)：917-955.

[261] Zhang S. International competitiveness of China's wind turbine manufacturing industry and implications for future development［J］. Renewable and Sustainable Energy Reviews，2012(16)：3903-3909.

[262] Zhang Wei，Karimi H R，Zhang Qingpu，et al．Collaborative development planning model of supporting product in platform innovation ecosystem ［J］. Mathematical Problems in Engineering,2014(2)：1-7.

[263] Zhou K Z，Gao G Y，Zhao H. State Ownership and firm innovation in China[J]. Administrative Science Quarterly，2017,62(2)：375-404.

[264] Zollo M，Winter S G. Deliberate Learning and the Evolution of Dynamic Capabilities[J]. Organization Science，2002(13)：339-352.

[265] 曹霞，杨笑君，张路蓬.技术距离的门槛效应：自主研发与协同创新[J].科学学研究，2020(3):154-162.

[266] 陈搏.知识距离与知识定价[J].科学学研究，2007,25(1):14-18.

[267] 陈光华,王建冬,杨国梁.产学研合作创新效率分析及其影响因素研究[J].科学管理研究,2014,32(2):9-12.

[268] 陈光华,王烨,杨国梁.地理距离阻碍跨区域产学研合作绩效了吗？[J].科学学研究，2015,33(1):76-82.

[269] 陈国权.组织学习和学习型组织:概念、能力模型、测量及对绩效的影响[J].管理评论，2009,21(1):107-116.

[270] 陈健,高太山,柳卸林,等.创新生态系统:概念,理论基础与治理[J].科技进步与对策，2016(17):153-160.

[271] 陈劲,吴波.开放式创新下企业开放度与外部关键资源获取[J].科研管理,2012,33(9):10-21.

[272] 陈劲.协同创新[M].杭州:浙江大学出版社,2012.

[273] 陈劲,阳银娟.协同创新的理论基础与内涵[J].科学学研究,2012,30(2):161-164.

[274] 陈劲,阳银娟.协同创新的驱动机理[J].技术经济,2012,31(8):6-11.

[275] 陈衍泰.创新管理:从创新网络、创新系统到创新生态系统的演化[J].研究与发展管理,2018,30(4):1.

[276] 陈衍泰,范彦成,李欠强."一带一路"国家国际产能合作中东道国选址研究——基于国家距离的视角[J].浙江工业大学学报(社会科学版),2016,15(3):241-249.

[277] 陈衍泰,范彦成,汤临佳,等.开发利用型海外研发区位选择的影响因素——基于国家距离视角[J].科学学研究,2018,36(5):847-856,954.

[278] 陈衍泰,李嘉嘉,范彦成.中国企业国际化多样性与创新绩效——东道国制度与国有股权的调节效应[J].科技进步与对策,2019,36(7):91-97.

[279] 陈衍泰,李欠强,王丽,等.中国企业海外研发投资区位选择的影响因素——基于东道国制度质量的调节作用[J].科研管理,2016,37(3):73-80.

[280] 陈衍泰,李新剑,范彦成.企业海外研发网络边界拓展的非线性演化研究[J].科学学研究,2020,38(2):266-275.

[281] 陈衍泰,齐超,厉婧,等."一带一路"倡议是否促进了中国对沿线新兴市场国家的技术转移？——基于 DID 模型的分析[J].管理评论,2021,33(2):87-96.

[282] 陈衍泰,吴哲,范彦成,等.新兴经济体国家工业化水平测度的实证分析[J].科研管理,2017,38(3):77-85.

[283] 陈衍泰,吴哲,范彦成,等.研发国际化研究:内涵、框架与中国情境[J].科学学研究,2017,35(3):387-395,418.

[284] 陈衍泰,朱传果,夏敏.中国区域创新系统国际化评价——基于中国 24 个城市的实证分析[J].技术经济,2019,38(2):22-31.

[285] 陈子凤,官建成.国际专利合作和引用对创新绩效的影响研究[J].科研管理,2014,35(3):8.

[286] 储节旺,吴川徽.社会化网络与开放式创新能力关系研究述评[J].图书情报工作,2016(15):126-133.

[287] 崔淼,李万玲,Cui,等.商业生态系统治理:文献综述及研究展望[J].技术经济,2017,36(12):11.

[288] 戴亦舒，叶丽莎，董小英. 创新生态系统的价值共创机制——基于腾讯众创空间的案例研究[J]. 研究与发展管理，2018，30(4)：13.

[289] 戴园园，梅强. 我国高新技术企业技术创新模式选择研究——基于演化博弈的视角[J]. 科研管理，2013，34(1)：2-10.

[290] 丁雪辰，柳卸林. 创新生态系统战略对创业绩效的促进——基于中科院技术衍生企业的实证研究[J]. 管理评论，2021，33(1)：120-132.

[291] 丁雪，杨忠，张骁，等. 组织无边界化变革：情境与策略的匹配研究[J]. 南京大学学报(哲学·人文科学·社会科学)，2017(6)：18-24，156.

[292] 杜德斌. 跨国公司 R&D 全球化的区位模式研究[M]. 上海复旦大学出版社，2001.

[293] 杜德斌. 跨国公司 R&D 全球化：地理学的视角[J]. 世界地理研究，2007，16(4)：106-106.

[294] 杜群阳，倪春平，朱剑光. 跨国公司在华 R&D 机构的空间结构研究[J]. 经济地理，2011，31(1)：102-106.

[295] 樊纲."发展悖论"与发展经济学的"特征性问题"[J]. 管理世界，2020，36(4)：34-39.

[296] 方建国. 基于动态能力观的企业技术创新能力研究——以我国高新技术产业上市公司为例[J]. 科技进步与对策，2010，27(16)：6.

[297] 方维慰."一带一路"国家科技合作与协同创新的机制研究[J]. 重庆社会科学，2020(12)：14.

[298] 高山行，周匀月，舒成利. 企业的每种创新都生而平等吗？——创新、企业绩效和竞争者联系的调节作用[J]. 科学学研究，2015(10)：1564-1572.

[299] 高霞，其格其，曹洁琼. 产学研合作创新网络开放度对企业创新绩效的影响[J]. 科研管理，2019，40(9)：231-240.

[300] 高照军，李正卫. 国际化过程中的开放式创新与技术标准制定——基于新制度主义的视角[J]. 中国科技论坛，2017(12)：5-14.

[301] 葛安茹，唐方成. 合法性、匹配效应与创新生态系统构建[J]. 科学学研究，2019，37(11)：2064-2072，2081.

[302] 葛安茹，唐方成. 合法性、匹配效应与创新生态系统构建[J]. 科学学研究，

2019,37(11):2064-2072,2081.

[303] 葛小寒,陈凌.国际 R&D 溢出的技术进步效应——基于吸收能力的实证研究[J].数量经济技术经济研究,2009(7):86-98.

[304] 顾桂芳,胡恩华,李文元.企业创新生态系统治理研究述评与展望[J].科技进步与对策,2017,34(5):156-160.

[305] 郭磊.多元知识探寻与后发企业技术创新——来自中国电信制造业的实证研究[J].科技进步与对策,2019,36(15):1-6.

[306] 何琼,王铮.跨国 R&D 投资在中国的区位因素分析[J].中国软科学,2006(7):113-120.

[307] 何郁冰.产学研协同创新的理论模式[J].科学学研究,2012,30(2):165-174.

[308] 何郁冰,伍静.企业生态位对跨组织技术协同创新的影响研究[J].科学学研究,2020,38(6):1108-1120.

[309] 贺团涛,曾德明,张运生.高科技企业创新生态系统研究述评[J].科学学与科学技术管理,2008,29(10):83-87.

[310] 洪进,汤书昆.虚拟 R&D 网络组织边界分析[J].科学学与科学技术管理,2002,6(12):37-40.

[311] 胡雯,周文泳.试论颠覆性技术保护空间的协同治理框架[J].科学学研究,2021,39(9):1555-1563.

[312] 黄烨菁.跨国服务外包中的知识转移——以软件外包为对象[J].科研管理,2012,33(6):40-47.

[313] 贾慧英,王宗军,曹祖毅.探索还是利用? 探索与利用的知识结构与演进[J].科研管理,2019,40(8):113-125.

[314] 贾建林.企业研发区域边界拓展、启发式规则与创新持续性[D].广州:华南理工大学,2019.

[315] 贾镜渝,李文.距离、战略动机与中国企业跨国并购成败——基于制度和跳板理论[J].南开管理评论,2016,19(6):122-132.

[316] 姜庆国.中国创新生态系统的构建及评价研究[J].经济经纬,2018,35(4):1-8.

[317] 姜永常.知识融合转化集成多元认知的协同创新机制[J].科学学研究,

2018,36(11):1946-1952,2029.

[318] 蒋楠,赵嵩正.知识连接、知识距离与知识共创关系研究[J].情报科学,
2016,34(6):138-142.

[319] 蒋仁爱,冯根福.贸易、FDI、无形技术外溢与中国技术进步[J].管理世界,
2012(9):49-60.

[320] 解学梅,王宏伟.开放式创新生态系统价值共创模式与机制研究[J].科学学研究,2020,38(5):912-924.

[321] 解学梅,余生辉,吴永慧.国外创新生态系统研究热点与演进脉络——基于科学知识图谱视角[J].科学学与科学技术管理,2020,41(10):20-42.

[322] 赖明勇,袁媛.R&D、国际技术外溢及人力资本一个经验研究[J].科研管理,2005,26(4):62-67.

[323] 李稻葵,冯俊新.FDI与自主研发:基于行业数据的经验研究[J].经济研究,2006(2):44-56.

[324] 李恒毅,宋娟.新技术创新生态系统资源整合及其演化关系的案例研究[J].中国软科学,2014(6):129-142.

[325] 李桦,储小平,郑馨.双元性创新的研究进展和研究框架[J].科学学与科学技术管理,2011(4):58-65.

[326] 李金珊,袁波,沈楠.农民专业合作社的内外协同创新——来自浙江省23家农民专业合作社的证据[J].浙江大学学报(人文社会科学版),2016(2):110-125.

[327] 李梅.国际R&D溢出与中国技术进步——基于FDI和OFDI传导机制的实证研究[J].科研管理,2012,33(4):63-64.

[328] 李梅,卢程.研发国际化与企业创新绩效——基于制度距离的调节作用[J].经济管理,2019,41(1):41-57.

[329] 李梅,余天骄.研发国际化和母公司创新绩效:文献评述和未来研究展望[J].管理评论,2020,32(10):106-119.

[330] 李梅,朱韵,李竹波.研发国际化与企业创新绩效:国有股权的调节作用[J].经济管理,2020,42(11):73-91.

[331] 李平,宫旭红,张庆昌.基于国际引文的技术知识扩散研究:来自中国的证

据[J].管理世界,2011(12):21-31.

[332] 李平,宫旭红,张庆昌.基于国际引文的技术知识扩散研究:来自中国的证据[J]. 管理世界,2011(12):21-31.

[333] 李欠强.企业海外研发投资的母国制度解释及其对创新绩效的影响研究[D].杭州:浙江工业大学,2020.

[334] 李晓钟,张小蒂.外商直接投资对我国技术创新能力影响及地区差异分析[J]. 中国工业经济,2008(9):77-87.

[335] 李晓钟,张小蒂.外商直接投资对我国技术创新能力影响及地区差异分析[J]. 中国工业经济,2008(9):77-87.

[336] 李新剑,范彦成,吴红迪."蛇吞象"式并购的合法性获取及双重品牌效应——基于多案例的研究[J].管理案例研究与评论,2019,12(4):401-416.

[337] 李新剑.中国企业海外并购合法性问题的历史演变——身份落差与群体认知的共演[J].商业研究,2019(3):133-138.

[338] 李元旭,谭云清.国际服务外包下接包企业技术创新能力提升路径——基于溢出效应和吸收能力视角[J].中国工业经济,2010(12):66-75.

[339] 梁靓.开放式创新中合作伙伴异质性对创新绩效的影响机制研究[D].杭州:浙江大学,2014.

[340] 凌鸿,赵付春,邓少军.双元性理论和概念的批判性回顾与未来研究展望[J].外国经济与管理,2010,32(1):132-136.

[341] 刘凤朝,沈能.外国直接投资对我国制造业技术溢出的渠道研究[J].国际贸易问题,2007,291(3):78-84.

[342] 刘和东.国际贸易与 FDI 技术溢出效应的实证研究——基于吸收能力与门槛效应的分析视角[J].科学学与科学技术管理,2012,33(2):30-36.

[343] 刘宏,薛斌.中国对外直接投资逆向技术溢出效应及其技术获取路径比较研究[J].中国科技论坛,2014(11):109-114.

[344] 刘璐,杨蕙馨.制度距离对中国上市公司跨国并购绩效的影响——国际经验与知识吸收能力的中介作用[J].科技进步与对策,2018(5):119-125.

[345] 刘舜佳,生延超.外商直接投资隐性知识空间溢出——基于修正的

Lichtenberg-Pottelsberghe 模型估计[J].研究与发展管理,2014,26(6):54-66.

[346] 刘雪芹,张贵.创新生态系统:创新驱动的本质探源与范式转换[J].科技进步与对策,2016,33(20):6.

[347] 刘洋,应瑛,魏江,等.研发网络边界拓展,知识基与创新追赶[J].科学学研究,2015(6):915-923.

[348] 刘洋.转型经济背景下后发企业启发式规则、研发网络边界拓展与创新追赶[D].杭州:浙江大学,2014.

[349] 刘云,叶选挺,杨芳娟,等.中国国家创新体系国际化政策概念、分类及演进特征——基于政策文本的量化分析[J].管理世界,2014(12):62-69.

[350] 刘志迎,单洁含.技术距离、地理距离与大学—企业协同创新效应——基于联合专利数据的研究[J].科学学研究,2013(9):53-59.

[351] 柳剑平,程时雄.国际R&D竞争、资本结构与战略性贸易政策[J].科学学与科学技术管理,2009,30(9):10-15.

[352] 柳卸林,刘雨田.开发和探索二元性与我国光伏企业追赶的关系研究[J].科学学与科学技术管理,2019,40(8):33-56.

[353] 柳卸林,杨培培,葛爽.互补者领导力与部件领导力对企业绩效的影响——基于生态系统视角[J].科学学研究,2019,37(11):1999-2007.

[354] 罗必良.论生态经济系统的边界[J].农业现代化研究,1991(5):29-32.

[355] 聂世坤,叶泽樱.双边关系、制度环境与中国对"一带一路"国家OFDI的出口创造效应[J].国际经贸探索,2021,37(2):67-82.

[356] 欧忠辉,朱祖平,夏敏,等.创新生态系统共生演化模型及仿真研究[J].科研管理,2017,38(12):49-57.

[357] 潘开灵,白列湖,程奇.管理协同倍增效应的系统思考[J].系统科学学报,2007(1):70-73.

[358] 彭灿,曹冬勤,李瑞雪.环境动态性与竞争性对双元创新协同性的影响:资源拼凑的中介作用与组织情绪能力的调节作用[J/OL].[2021-05-14].http://kns.cnki.net/kcms/detail/42.1224.G3.20210506.1046.002.html.

[359] 彭新敏,李佳楠,张帆.超越追赶阶段后发企业双元学习演进的驱动机制

研究[J].南开管理评论,2022,25(1):116-123.

[360]綦建红,李丽,杨丽.中国OFDI的区位选择:基于文化距离的门槛效应与检验[J].国际贸易问题,2012(12):137-147.

[361]钱堃,鲍晓娜,王鹏.核心企业主导的创新生态系统新能力开发:一个嵌入式单案例研究的发现[J].科技进步与对策,2016,33(9):53-61.

[362]盛垒.跨国公司在华R&D的空间格局及成因[J].经济地理,2010,30(9):1484-1491.

[363]隋俊,毕克新,杨朝均,等.跨国公司技术转移对我国制造业绿色创新系统绿色创新绩效的影响机理研究[J].中国软科学,2015(1):118-129.

[364]孙冰,徐晓菲,姚洪涛.基于MLP框架的创新生态系统演化研究[J].科学学研究,2016,34(8):1244-1254.

[365]孙聪,魏江.企业层创新生态系统结构与协同机制研究[J].科学学研究,2019,37(7):1316-1325.

[366]孙国强.关系、互动与协同:网络组织的治理逻辑[J].中国工业经济,2003(11):14-20.

[367]孙慧 张双兰.国际化背景下动态能力与企业创新绩效的关系研究——来自中国高技术企业的经验证据[J].工业技术经济,2018,37(11):35-43.

[368]覃正,井然哲.基于泛函分析的组织行为距离测度模型[J].系统工程理论方法应用,2006(1):90-92,96.

[369]陶锋.吸收能力、价值链类型与创新绩效——基于国际代工联盟知识溢出的视角[J].中国工业经济,2011(1):140-150.

[370]万伦来,高翔.文化、地理与制度三重距离对中国进出口贸易的影响——来自32个国家和地区进出口贸易的经验数据[J].国际经贸探索,2014,30(5):10.

[371]王春法.科技全球化与中国科技发展的战略选择[M].北京:中国社会科学出版社,2008.

[372]王丁,魏江,杨洋.华为海外子公司的合法化战略选择与演化[J].科学学研究,2020,38(4):654-662.

[373]王发明,朱美娟.创新生态系统价值共创行为影响因素分析——基于计划

行为理论[J].科学学研究,2018,36(2):370-377.

[374] 王海花,谢富纪,周嵩安.创新生态系统视角下我国实施创新驱动发展战略的"四维"协同框架[J].科技进步与对策,2014,31(17):7-11.

[375] 王海军,成佳,邹日菘.产学研用协同创新的知识转移协调机制研究[J].科学学研究,2018,36(7):1274-1283.

[376] 王海军,金姝彤,郑帅,等.全球价值链下的企业颠覆性创新生态系统研究[J].科学学研究,2021,39(3):530-543.

[377] 王红领,李稻葵,冯俊新.FDI与自主研发:基于行业数据的经验研究[J].经济研究,2006(2):44-56.

[378] 王菁,李平.距离对技术溢出影响效应:一个文献综述[J].山东理工大学学报(社会科学版),2010,26(6):16-22.

[379] 王俊.跨国外包体系中的技术溢出与承接国技术创新[J].Social Sciences in China,2013(9):108-125.

[380] 王雷,姚洪心.全球价值链嵌入对集群企业创新绩效的影响[J].科研管理,2014,35(6):41-46.

[381] 王晟锴,李春发,孙雷霆,等.跨国公司研发本地化逆向创新的动因与启示[J].科学学研究,2020,38(12):2282-2292.

[382] 王寅,袁月英,孙毅,等.基于探索、开发的区域创新生态系统评价与动态演化研究[J].中国科技论坛,2021(3):143-153.

[383] 王英,刘思峰.国际技术外溢渠道的实证研究[J].数量经济技术经济研究,2008,25(4):153-160.

[384] 王元地,刘凤朝.国家创新体系国际化实现模式与中国路径——基于中、德、日、韩的案例[J].科学学研究,2013,31(1):67-78.

[385] 王志强,李菲.产学研协同创新的范式转型与形成路径:创新集群的视角[J].兰州大学学报:社会科学版,2016,44(3):10.

[386] 王智新,辛文锦,安迪,等.研发国际化对创新绩效的影响:评述与展望[J].科学管理研究,2020,38(4):164-168.

[387] 魏江.后疫情时期的社会治理多元主体协同体系建设[J].科学学研究,2020,38(3):388-390.

[388] 魏江,刘洋.中国企业的非对称创新战略[J].清华管理评论,2017(10):20-26.

[389] 魏江,王诗翔.从"反应"到"前摄":万向在美国的合法性战略演化(1994—2015)[J].管理世界,2017(8):136-153,188.

[390] 魏江,王诗翔,杨洋.向谁同构? 中国跨国企业海外子公司对制度双元的响应[J].管理世界,2016(10):134-149,188.

[391] 魏江,邬爱其,彭雪蓉.中国战略管理研究:情境问题与理论前沿[J].管理世界,2014(12):167-171.

[392] 魏江,应瑛,刘洋.研发网络分散化,组织学习顺序与创新绩效:比较案例研究[J].管理世界,2014(2):137-151.

[393] 魏江,张妍,龚丽敏.基于战略导向的企业产品创新绩效研究——研发网络的视角[J].科学学研究,2014,32(10):1593-1600.

[394] 魏江,郑小勇.关系嵌入强度对企业技术创新绩效的影响机制研究——基于组织学习能力的中介性调节效应分析[J].浙江大学学报(人文社会科学版),2009(9):68-81.

[395] 魏巍,彭纪生,华斌.资源保存视角下高绩效人力资源系统对员工突破式创造力的双刃剑效应[J].管理评论,2020,32(8):13.

[396] 温忠麟,张雷,侯杰泰.有中介的调节变量和有调节的中介变量[J].心理学报,2006(3):448-452.

[397] 吴航,陈劲,金珺.新兴经济国家高技术企业技术资源与国际化关系研究——来自"中国光谷"产业园区的证据[J].科学学研究,2012,30(6):870-876.

[398] 吴华明.自组织战略协同:概念、特点与管理过程[J].系统科学学报,2015,23(2):19-22.

[399] 吴先明,糜军.我国企业对发达国家逆向投资与自主创新能力[J].经济管理,2009,31(4):57-63.

[400] 吴先明,张雨.海外并购提升了产业技术创新绩效吗——制度距离的双重调节作用[J].南开管理评论,2019,22(1):4-16.

[401] 吴先明.制度环境与我国企业海外投资进入模式[J].经济管理,2011(4):

68-79.

[402] 吴哲,范彦成,陈衍泰,等.新兴经济体对外直接投资的逆向知识溢出效应——中国对"一带一路"国家 OFDI 的实证检验[J].中国管理科学,2015,23(S1):690-695.

[403] 郗玉娟.组织社会资本、知识创造与动态能力关系研究[D].长春:吉林大学,2020.

[404] 肖丁丁.跨界搜寻对组织双元能力影响的实证研究[D].广州:华南理工大学,2013.

[405] 谢建国.市场竞争、东道国引资政策与跨国公司的技术转移[J].经济研究,2007(6):87-97.

[406] 谢申祥,王孝松.国际寡头竞争、产业研发效率与战略性研发政策[J].科学学与科学技术管理,2013,34(2):28-35.

[407] 徐康宁,陈健.跨国公司价值链的区位选择及其决定因素[J].经济研究,2008(3):138-149.

[408] 徐露允,曾德明,李健,等.知识网络中心势、知识多元化对企业二元式创新绩效的影响[J].管理学报,2017,14(2):

[409] 薛澜,陈衍泰,何晋秋,等.科技全球化与中国发展[M].北京:清华大学出版社,2015.

[410] 薛澜,沈群红.科技全球化及其对中国科技发展的政策涵义[J].科技导报,2001(12):57-62.

[411] 薛明皋,薛克兢.跨国公司技术输出与制度风险的关系研究[J].科研管理,2010(S1):68-74.

[412] 薛明皋,薛克兢.跨国公司技术输出与制度风险的关系研究[J].科研管理,2010(S1):68-74.

[413] 杨靓,曾德明,邹思明,等.科学合作网络、知识多样性与企业技术创新绩效[J].科学学研究,2021,39(5):867-875.

[414] 杨林,柳洲.国内协同创新研究述评[J].科学学与科学技术管理,2015(4):50-54.

[415] 杨升曦,魏江.企业创新生态系统参与者创新研究[J].科学学研究,2021,

39(2):330-346.

[416] 杨雪,顾新,王元地.企业外部技术搜寻平衡研究——基于探索-开发的视角[J].科学学研究,2015(6):907-914.

[417] 杨洋,魏江,王诗翔.内外部合法性平衡:全球研发的海外进入模式选择[J].科学学研究,2017,35(1):73-84,124.

[418] 杨珍增.地理距离与跨国公司的直接投资动机——基于美国跨国公司数据的研究[J].经济经纬,2017(3):68-73.

[419] 弋亚群,谷盟,刘怡,等.动态能力、双元学习与新产品开发绩效[J].科研管理,2018,39(1):74-82.

[420] 易明,杨树旺.产业集群治理的内在逻辑与机制体系[J].湖北社会科学,2011(7):95-98.

[421] 尹希果,李后建,印国樱.欠发达地区国际科技合作的环境依赖分析——来自重庆的证据[J].科研管理,2013,34(3):106-114.

[422] 喻世友,万欣荣,史卫.论跨国公司R&D投资的国别选择[J].管理世界,2004(1):46-54.

[423] 张浩,崔丽,侯汉坡.基于协同学的企业战略协同机制的理论内涵[J].北京工商大学学报(社会科学版),2011,26(1):69-75.

[424] 张利飞,符优,虞红春.技术引进还是合作研发?——两种研发国际化模式的比较研究[J].科学学研究,2021,39(3):471-480.

[425] 张娜娜,苏敏艳,郑慧凌,等.技术并购对医药企业创新绩效的影响:基于吸收能力和动态能力的分析[J].科技管理研究,2019,39(21):147-153.

[426] 张仁开.从科技管理到创新治理——全球科技创新中心的制度建构[J].上海城市规划,2016(6):5,46-50.

[427] 张妍,魏江.研发伙伴多样性与创新绩效——研发合作经验的调节效应[J].科学学与科学技术管理,2015,36(11):103-111.

[428] 张运生.高科技企业创新生态系统边界与结构解析[J].软科学,2008(11):95-97,102.

[429] 张运生,邹思明.高科技企业创新生态系统治理机制研究[J].科学学研究,2010(5):147-154.

［430］张蕴萍.公平竞争审查视野下中国政府规制治理体系的构建[J].理论导
刊,2017(5):81-86.

［431］张震宇,陈劲.基于开放式创新模式的企业创新资源构成、特征及其管理
[J].科学学与科学技术管理,2008,29(11):6165.

［432］章细贞.竞争战略对资本结构影响的实证研究[J].中南财经政法大学学
报,2008(1):56-60.

［433］赵凤,王铁男,张良.多元化战略对企业绩效影响的实证研究[J].中国软
科学,2012(11):111-122.

［434］赵伟,古广东,何元庆.外向 FDI 与中国技术进步:机理分析与尝试性实
证[J].管理世界,2006(7):53-60.

［435］赵旭梅.专利保护宽度的国际趋同与创新博弈[J].科研管理,2015,36
(9):128-133.

［436］赵云辉.知识多样性对跨国公司知识转移绩效的影响研究——知识一致
性的调节效应[J].技术经济与管理研究,2016(9):10-14.

［437］周长辉,曹英慧.组织的学习空间:紧密度、知识面与创新单元的创新绩效
[J].管理世界,2011(4):84-97.

［438］周丹妮.东道国制度压力对在越中国企业绩效影响机制研究[D].杭州:
浙江工业大学,2020.

［439］周正,尹玲娜,蔡兵.我国产学研协同创新动力机制研究[J].软科学,
2013,27(7):52-56.

［440］周志娟,何郁冰,曾益.创新开放性对中国制造业国际竞争力的影响——
基于 2000—2010 年面板数据的实证检验[J].科学学研究,2014,32
(10):1559-1568.

［441］祝影,邓小琪,路光耀.在华外资研发的区位因子与空间演变:基于中国
高技术产业的实证[J].世界地理研究,2018,27(6):1-13.

［442］祝影,杜德斌.跨国公司研发全球化的空间等级体系研究——基于因子
分析的结果[J].世界地理研究,2008(1):85-93.

［443］庄涛,吴洪,胡春.高技术产业产学研合作创新效率及其影响因素研
究——基于三螺旋视角[J].财贸研究,2015,26(1):55-60.